明治日本

含苞初綻的新時代、新女性

茂呂美耶 Moro Miya

前言 明治元年的一些事

一八六八年十月二十三日，也是慶應四年九月八日，日本改元明治元年。

自此，江戶時代結束，明治時代誕生。

同年一月三日，天皇便下達「王政復古大號令」（天皇親政）。十月十二日，舉行天皇即位大禮；十二月二十六日，江戶城改名為東京城，定為皇居。

明治元年至五年，日本仍使用太陰曆，因此上述數字均是換算為陽曆的日期，也是日本學生必須背得頭昏腦脹的歷史大事。可學生出了社會後，通常會忘掉這些數字。包括我。各位讀者也無須記數字，這些繁瑣事是寫書人的責任。

我比較感興趣的是一月三日下達「王政復古大號令」，廢除德川幕府；一月三十日，朝廷便通告所有公卿，沒有必要遵守「御齒黑」（ohaguro，用鐵漿染黑牙齒）、「點眉」（在額頭上畫黑圈圈）等舊習。

而且，同月，朝廷更向皇室大膳職（負責調理款待臣下宴席的部門，並管理諸國奉獻的食物）下令，往後御廚食譜中須增添肉饌。長達一千二百數十年的肉食禁令，才如此由皇室率先解禁。

而明治新政府正式在《新聞雜誌》發表肉食解禁公文，鼓勵國民吃肉食（此處的肉食，指陸上所有家畜、野生動物，不包括河川、海洋的魚類），則是明治五年（一八七二）正月。

同年四月，新政府又公告可以自由買賣死牛馬。換句話說，在這之前，以日本人的觀念來看，牛、馬都是日常生活的幹活伙伴，病死或橫死時，均跟人一樣進行埋葬。

然而，橫濱不愧是新興先進都市，明治元年九月，便有人開了第一家牛鍋店「太田」，供客人吃切成四方形沾甜味噌的牛肉。在吃肉上，東京雖然落後橫濱一年，但神田卻有人於四月開了第一家西洋洗衣店。那麼，推動明治維新主角之一的薩摩藩（鹿兒島）武士呢？

好，既然吃跟穿的都落後江戶仔及舶來橫濱仔一步，咱家薩摩仔就在頭上動手腳吧。於是，無論白的、黑的、灰的、濃的、薄的、禿的，全體在四月剪下小髮髻，成為披頭四……哦，不，是披頭薩摩仔。

對以寫字為生的人來說，或許不能忘了福澤諭吉。五月，因福澤所著的《西洋事情》出現盜版，他在《中外新聞》刊登廣告，大聲疾呼「版權所有，不准翻印」。

嗯，太了不起了。

《中外新聞》是二月在江戶創刊的日本新聞鼻祖，之前都是浮世繪瓦版，賣報的有時必須在街頭講解事件給聽眾聽，江戶時代稱之為「讀賣」。

一百四十年過後的今日，謝天謝地，福澤不用再刊登廣告主張自己的版權了，因為平成政府在二〇〇四年就為他「改版」，於萬圓日幣動了不少新技術，以防不肖人士「盜版」。

說了一大堆，其實真正該說的是「東京命名人」。

東京，這個無時無刻不在成長、不在變化、不在膨脹的巨大都市，到底誰是她的命名人？

幕末時期，相對於西方「京都府」，江戶仔已在日常會話中把「東京府」掛在口頭。只是，一旦真正改朝換代，新政府眾要人唱叫揚疾「富國強兵」、「文明開化」時，竟然沒有人想到必須正式給江戶改名。

公卿岩倉具視的親信北島千太郎（水戶藩士），於閏四月向新政府提出「須將江戶改名為東京」建議書，之後再由大久保利通正式向天皇提出建言。如此，明治天皇才於九月三日發布「江戶自今日起改稱東京府」詔令。

「東京」，於焉出世。

日後，北島擔任長崎縣縣長，明治十年（一八七七）因霍亂而病逝。

目次

PART 3——明治新女性

PART 1
明治新日本

PART1——明治新日本

脫胎換骨新社會

首都東京

明治二十年（一八八七）起，日本政府開始著手全國各城市的近代化工程。

其中，首都東京於明治十七年（一八八四）成為改造對象。

明治二十一年（一八八八）時，東京是十五區制，但是，中心市區出現人口過密現象，表面看上去極為繁榮昌盛，背面卻隱藏著眾多下層階級貧民，許多家庭都是一家數口住在僅有三坪[1]至六坪的租房。

不但道路鋪設還未齊全，煤氣燈、上下水道設施的整備也都還未著手，因此政府不得不致

江戶時代的駿河町，三井吳服店。葛飾北齋（Katsushika Hokusai, 1760?-1849）畫。

力於城市的基礎設施建設。再加上西洋文明的流入，自來水供水設施成為新首都整備的最重要一環。

首先，以人口一百五十萬為目標，聘請外國工程師規劃工程。當時的人口，商人及庶民聚集的低窪地區「下町」約一百又二萬五千人，官員及武士階級居住的高台地區「山手」約三十五萬人。

拉長自來水管，改良了自來水供水問題後，井水用戶減少了。卻因為城市規模不斷膨脹擴展，自來水使用量也隨之增加，導致旱天和夏

明治初期的駿河町，三井銀行。明治13年（1880），第三代歌川廣重（Utagawa Hiroshige, 1842-1894）畫。

季時，高台的山手地區經常發生缺水問題。

明治二〇年代，出現了電燈，並由於國產電燈泡試製成功，電燈逐漸普及於民間。

但因為當時的電費很貴，許多澡堂和寄宿租房依舊使用油燈，東京離「夜不眠城」仍有一段距離。

直至明治三〇年代，電氣化才開始真正普及，電車出現，替換了之前的有軌公共馬車。

東京人口急劇增加，明治二十一年約一百二十九萬，二十八年約一百三十萬，之後的十年，竟然驟增至二百三十萬。當時的人戲稱：「以為是『花城』，挨近一看，原來是『荊棘樹林』。」

如此，地方城市的人逐漸往東京聚集，結果，商人、藝匠和各種工人居住的地區，也就是低窪地區的下町，與官員和上班族居住的高台地區山手，兩者的差異逐漸清晰起來。不但語言、風俗，甚至連生活感情、市民意識等均產生很大的文化差異。宛如居住在同一城市的

兩種不同種族群體。

簡單說來，高台地區的山手，原為江戶時代諸國大名的豪宅地區，而低窪的下町則為一般庶民的狹長租房地區。但是，年號改為明治以後，高台的山手變成新政府官員的居住區。

對在東京土生土長的江戶仔來說，這些新政府官員本來是鄉巴佬大名或武士，只因德川將軍這方打敗了，可惡的粗野武士才紛紛搬來東京，大搖大擺地住在被趕走的舊大名豪宅裡。

也就是說，下町人視山手居民為敵，彼此看不順眼也是人之常情。

就連妻子的稱呼也不一樣。

山手人稱自己的妻子為「吾妻」、「細君」，稱呼別人的妻子為「奧樣」（太太）；下町人稱自己的妻子為「我家孩子的娘」，稱呼別人的妻子為「大娘」、「大嬸」。

「奧樣」有教育、有文化，高雅、溫和、謙虛，絕對不會大聲說話或哈哈大笑；「大娘」的教育程度頂多小學畢業，動作粗野，多嘴多舌，愛管閒事。換句話說，兩者是陰陽對比。

這種「山手人」和「下町人」的區別，一直持續至昭和時代。

簡而言之，就是地域性的風氣使然。無論一百多年前的明治時代或二十多年前的昭和時代，東京始終分成陰陽兩半。

一世一元制

「明治」年號時代持續了四十五年，而「昭和」年號時代更長達六十多年。再來看看江戶末期的六十年之間，德川幕府到底換了多少年號？

若按舊時代的順序來看，文化、文政、天保、弘化、嘉永、安政、萬延、文久、元治、慶應等，真會令人眼花繚亂，難怪很多現代學生都不喜歡背歷史年號。

那麼，當時的老百姓到底如何記住年號呢？他們不會混淆不清嗎？

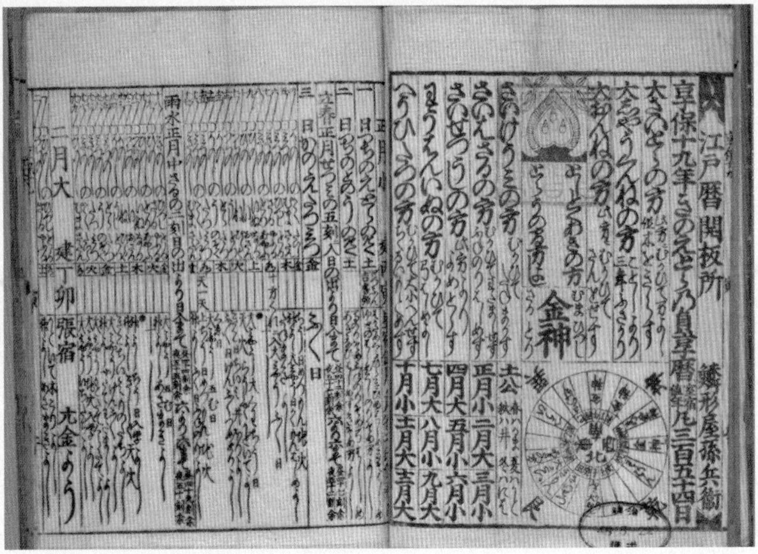

江戶時代的月曆，享保19年（1734）。

江戶時代，名目上制定年號的權限是朝廷。在此之前，天皇即位的改元早已杜絕，十七世紀中旬的正保年間才又恢復，而且是幕府決定的。之後，每逢新天皇即位時便會改元。

但是，幕府不僅在天皇即位時改元，逢喜事或遇凶事時也讓朝廷改元。特別是後半期，幕府力量減弱，幾乎每隔四、五年改一次，甚至有僅維持一年的年號，例如萬延、元治。

站在老百姓的立場來看，去年是「萬延元年」，今年又改為「元治元年」，叫人如何記住呢？

原來老百姓根本不使用公式年號。即便幕府或朝廷改多少次年號，對老百姓來說也無關痛癢，甚至沒有必要記住。

老百姓的「年號」是天干地支，組合十天干與十二地支，一循環剛好六十年。第六十一年就是花甲。按當時的平均壽命來看，能活到花甲就該謝天謝地，因此用天干地支數算或記住自己一生中的大事，不但綽綽有餘，也不會混亂。

「明治」的改元是慶應四年（一八六八）九月八日，天皇從幾個候選名單中抽籤而定，結果抽中了「明治」。既然天皇親自抽中明治，那就是天意，上天指定的年號。

在這之前，年號都是幕府擅自決定，日後再向朝廷提出事務報告。但維新後，新政府中心人物不但讓天皇決定年號，還借助「天意」讓天皇抽籤，由此也可看出他們欲改革國家的強烈信念。

而且，還讓太政官公佈「從今以後均為一世一元制」，這和之前幕府每逢吉凶事就改元的時代，明顯劃清了一條界線。

明治二十二年（一八八九）制定《大日本帝國憲法》時，也制定了《皇室典範》，其中正包含了「一世一元制」這條規定，因此才會有明治、大正、昭和、平成這四個年號。若天皇駕崩，年號便成為該天皇的謚號，如「明治天皇」、「大正天皇」、「昭和天皇」。

自從一三三三年後醍醐天皇[2]親政以來（史稱「建武新政」），明治時代是久違五百多年的天皇親政。對當時的老百姓來說，天皇的存在感極為薄弱，「一世一元制」不但能增強天皇的存在感，也能改變至今為止用天干地支數算年號的舊習，一舉兩得。

現代一般日本人通常不會說錯這四個年號，連自己的生年或親朋的卒年也都用年號，鮮少人用西曆。但明治之前的年號，則必須查字典才能明白到底是什麼時代的西曆的哪一年。

推銷天皇的苦心

將近三百年的德川幕府即將閉幕時，日本全國各地武裝起義事件頻發，但是，德川幕府的統治歲月太久，老百姓很難接受改朝換代的現實。舉例來說，由於黃瓜的切痕與德川家的三葉葵家徽相似，某些老一代的江戶人甚至不敢吃黃瓜。

另一方面，現代的日本全國各地都能看到明治天皇巡幸的紀念石碑。其實這些紀念石碑正是新政府苦心推銷明治天皇的存在之證據，亦是天皇制現代國家觀念如何逐步在老百姓之間

《農民收穫御覽》，明治元年9月27日尾張國（愛知縣）熱田，森村宜稻（Morimura Gitou, 1872-1938）畫。明治神宮聖德紀念繪畫館藏。

《東京御著輦》，明治元年（1868）10月13日皇居二重橋，小堀鞆音（Kobori Tomoto, 1864-1931）畫。明治神宮聖德紀念繪畫館藏。

扎根的路徑。

據說直至明治八年（一八七五），仍有老百姓稱呼天皇為「天公」、「禁公」，因為在江戶時代，天皇的稱呼是「天子」，皇居是「禁裏」、「禁內」。光看稱呼，現代人可能會誤以為當時的老百姓極為尊崇天皇，然而，換個角度來看，恰好說明了當時的天皇與老百姓之間的距離。

江戶時代的老百姓的真正統治者是各地藩主，而各地藩主的真正統治者是德川幕府。對老百姓來說，「天公」是遙不可及的存在，「禁裏」更是天遠地隔，恐怕只有土生土長的京都人才會具體意識到天皇並非烏有人物。

明治八年，徵兵令、學校制度的教育法令都已經頒布，近代國家制度大致成形，但是，新政府還未統一「國民」。說穿了，當時的老百姓根本不明白「國民」到底是啥玩意兒。

新政府的要人當然深知此事。只是，該如何「推銷」天皇，如何呼籲老百姓，新的統治者是京都那位「天子」，而非任何藩主或其他幕府呢？

首先在明治元年十月，天皇進江戶城時來個盛裝遊行。

明治天皇從京都出發，直至江戶，一路上的隨從多達二千三百人；進江戶城時，還分發下酒菜給老百姓當紅包。江戶市民則在街道表演花車、擺放攤位，宛如現代的嘉年華會或大型廟會。

也就是說，新政府將一場本來應該威風凜凜、莊嚴進行的儀式，改頭換面為讓老百姓也能盡情享樂的狂歡節。表演花車、擺放攤位等，於事前就已經安排妥當。

真不愧是推翻德川幕府的人，這完全是心理戰嘛。

而且，明治天皇從京都出發直至抵達江戶這一個月的旅程，不但沿途獎賞各地的孝子、節婦，還施與財物給七十歲以上的老人和內亂受災者。江戶時代的德川幕府正是以這種方式施仁政，新政府也仿照舊習。

據說，盛裝遊行和進城費用花掉政府歲入的百分之二十。之所以不惜投下巨資，目的全在給老百姓留下「主人交替」的深刻印象。

明治五年～十八年（一八七二～一八八五）期間，天皇巡幸了全國各地。巡幸之際，民眾擠在路邊觀看，有人特地小心翼翼地收集天皇下馬徒步時踏過的土壤。

因為老百姓認為天皇踏過的土壤是「聖土」，可以醫治百病。但是，這些都是在巡幸前預先籌劃的演出，是利用老百姓注重世間利益的心理，巧妙地向民眾灌輸「新君主」的形象，順便神化天皇地位，算是一種洗腦式教育宣傳。

明治九年（一八七六），天皇巡幸東北地方時，新政府還特地讓迎接的農民打扮得乾乾淨淨，村落四處都有手持太陽旗歡迎的兒童。這也是意圖將太陽旗與農民信仰的太陽神，天皇與天照大神[3]結合起來的一種演出。

雖然新政府早在明治三年（一八七〇）就公佈日本船必須懸掛太陽旗，之後又成為陸軍、海軍的軍艦旗，政府機關於節日也會懸掛太陽旗以示慶賀，但太陽旗（日本國旗）真正在老百姓之間扎根的契機正是上述的東北巡幸。

此外，至今為止的《君之代》因聲譽不佳，也在這一年被廢止。作曲者是當時任職英國駐日大使館護衛隊步兵營軍樂隊隊長的約翰・威廉・芬頓[4]。明治十三年（一八八〇），再度由宮內省式部職雅樂課一等伶人（樂師長）林廣守[5]撰定《君之代》。

簡單說來，當時的太陽旗和《君之代》都是推銷新政權的大招牌。真正以「國旗」、「國歌」形象滲透至國民之間，則要等到日清、日俄戰爭時。

太陽曆與國民假日

明治政府將明治五年（一八七二）十二月三日定為明治六年一月一日，從這天起，日本便開始使用太陽曆。

公佈時期是前一個月的十一月九日，老百姓

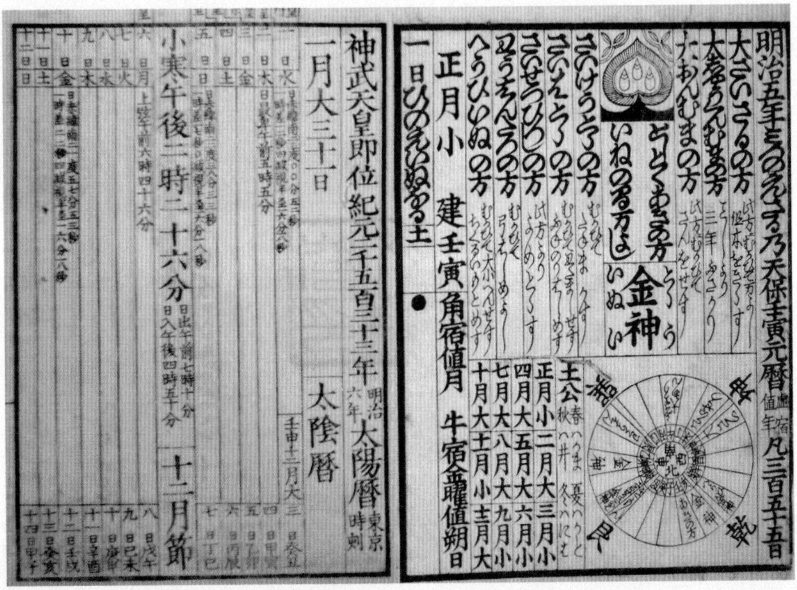

明治6年太陽曆。國立天文台圖書室藏。

當然會亂成一團。明明仍是十二月三日，突然變成新年的元月一日。對老百姓來說，收入減少一個月份，年末的支出卻提早一個月。

報紙甚至報導，有些老人家以為必須在兩天內做完一個月份的工作而唉聲嘆氣。

新政府為何在明治五年採用太陽曆呢？

按江戶時代的慣例，工資都是一年領一次年薪，政府卻在明治四年廢棄舊習，改為月薪。恰巧第二年是陰曆閏年，多出一個月。當時的大藏省（財務省）為了節省多出一個月份的公務員薪俸，於是想出這個辦法扣掉因閏年而多出來的一個月。

這是當時任職大藏大臣的大隈重信[6]親口說的，應該是事實。

陰曆改為陽曆後，變成一星期有七天的七曜制，第七天的星期日是休息日。並且以宮中的祭祀節日為基準，制定了國民假日。

江戶時代的假日，除了讓員工消除疲勞，也是祭拜祖先的日子。而新政府制定的國民假日，目的則是讓天皇的存在滲透於民間。

江戶時代的幕府國定假日是人日（一月七日七草粥）、上巳（三月三日女兒節）、端午（五月五日端午節）、七夕（七月七日七巧節）、重陽（九月九日菊花節），以及八月一日的八朔。

八月一日是德川家康進江戶城的日子，江戶幕府將這天定為僅次於新年元日的喜日。不過對江戶庶民來說，八朔也是祈願五穀豐稔、子孫滿堂的日子，順便在這天送禮給平素深受關照的人。

此外，春分、秋分亦是祭祀祖先的重要日子。這些都是基於老百姓的勞動觀念及信仰而深入民間底層的假日。

陽曆的明治六年一月四日，新政府又公佈廢止舊有的五節日和八朔，並以一月二十九日「神武天皇即位日」、十一月三日「天長節」（天皇生日）為新假日。

同年十月，又制定一月三日元始節、一月五

日新年宴會、一月三十日孝明天皇節，而之前的一月二十九日「神武天皇即位日」則改為二月十一日紀元節。另有四月三日（本來是三月十一日）的神武天皇節、九月十七日（明治十二年又改為十月十七日）神嘗祭為國定假日。全部都是天皇宮中的例行公事。

明治十一年（一八七八）又增添春季皇靈祭（春分）、秋季皇靈祭（秋分）、一月一日的「四方節」[7]。春分、秋分本來是老百姓祭祀祖先的節日，新政府卻將此民俗信仰和天皇的祖靈結合起來。

總之，新政府為了讓「天子」改頭換面為統治者的「天皇陛下」，為了刷新已經習慣崇敬「公方」（幕府將軍）的老百姓舊有觀念，確實絞盡了腦汁。

如此，這些國定假日和節日通過神社、政府機關、學校，逐步地滲入民間。

據說，大正時代時，由於大正天皇的生日是八月三十一日，正是炎炎夏日，不知是誰出的鬼主意，認為天氣太熱對「天長節」有礙，竟然改為比較涼快的十月三十一日。

華族制度

江戶幕府最後一位將軍，德川慶喜[8]將政權歸還朝廷（大政奉還）後，誕生了明治政府。但是，各藩治理的領土以及當地的老百姓依舊歸藩主所有。之後，藩主將領土（版）和人民（戶籍）歸還天皇，正是日本歷史名詞中的「版籍奉還」。

明治二年（一八六九）六月實施「版籍奉還」，藩主成為新政府官員（知藩事），也被允許治理原有的版圖。

此外，藩主和朝廷公卿一樣，都被賦予特殊的「華族」身分地位。「華族」即「貴族」。當時的華族數有四百二十七家。

然而，明治四年（一八七一）七月，新政府又實施了「廢藩置縣」政策，各個「藩」國均

《廢藩置縣》，明治4年7月14日，紫宸殿代大廣間（皇居），小堀鞆音（Kobori Tomoto, 1864-1931）畫。明治神宮聖德紀念繪畫館藏。

改為「縣」。而且，新政府為了防禦舊藩主糾眾兵變，不但撤銷舊藩主的「知藩事」職任，並規定所有舊藩主都必須定居東京。

六年後的明治十年十月，專門讓華族家的孩子們接受特殊教育的華族學校於東京神田錦町竣工，地皮是天皇給予的，也就是現在的學習院。

隆重舉行盛大的開學典禮那天，天皇和皇后都出席了。天皇當場授予「學習院」稱號。課程是小學八年，中學八年，第一屆入學的孩子總計一百三十名。

華族學校的正門，現在是學習院女子大學正門，重要文化財。

學校是瀟灑的西式建築，鐵製正門氣勢宏偉。

開學三個月前，七月一日的《朝野新聞》[9]在報紙上描述：

富麗堂皇的鐵製正門花費三千日圓，本以為是外國製的，不料竟是國產品，負責製造的是埼玉縣川口市的工廠。

看到這則新聞報導的俄羅斯大使，首次明白原來日本也有能製作如此精美工藝的工廠，於是取消巴黎某工廠的訂單，再度委托埼玉縣川口市那家工廠製作俄羅斯公使館正門。

明治十七年（一八八四）七月頒佈「華族令」後，華族制度有了很大變化。不僅原來的朝臣以及大名，只要對國家有功，任何人都能晉升為華族。

為了明確區別其地位，華族制度分為公、侯、伯、子、男爵五等級。身分是世襲制，子孫也能繼承，職責是保護皇室。

公爵、侯爵是舊朝臣和大名，新添加的伯爵、子爵、男爵則為建立明治政府有功者。之後，連軍人、高級官僚、商人等也成為華族，尤其甲午戰爭之後，政府更胡亂頒授爵位，令花店賺了不少錢。

明治二十二年（一八八九）十月一日的《東京日日新聞》報導，皇太子寬仁親王（日後的大正天皇），將於十月五日進學習院上學。

對此，學校方面以及某些華族人士提議應該提供一個特殊座位，但據說，傳達天皇意志的宮內廳表示，如此做的話，在教育上對皇太子不好，於是一切依照舊例，並不因為對方是皇太子身分而給予任何特殊待遇。

自此開始，直至今日，天皇家的孩子、皇族的孩子進學習院上學便成為一種慣例。

二次大戰後的昭和二十二年（一九四七）施行《日本國憲法》，華族制度才被廢除。

書生風俗

東京成為新的政治文化中心之後，地方城市的青年也爭先恐後懷著青雲之志進京。

薩摩藩（鹿兒島縣）、長州藩（山口縣）、土佐藩（高知縣）、肥前藩（佐賀縣、長崎縣一部）出身的青年，大多會利用各種門路與已經登上顯赫高官職位的前輩攀關係。明治新政府的中心人物正是這四藩的人，因而這四藩出身的青年可以仰賴鄉親關係擠進政界官場。

其他藩國以及東北地方的青年，由於藩主和前輩錯過了維新之功，進京後，只能尋求以技能出人頭地之途。

坪內逍遙（Tsubouchi Shōyō, 1859-1935）的小說《當生書生氣質》中的插畫。

大批來自四面八方的地方城市青年湧進東京的結果，便形成了一種特殊文化風俗，正是日本歷史名詞之一的「書生風俗」。

為了接納這些地方青年，東京出現了許多學生宿舍或讓學生寄宿的人家。本鄉和神田聚集著各種學校，這些青年多半住在學校附近。

家庭經濟不好但肯上進的青年，運氣好的話，可以寄宿在官員或富商家裡，主人提供學費和吃住，讓青年一面求學一面幫忙做家事及雜事。用現代話形容，主人算是一種慈善家或贊助者，有些「書生」甚至可以出國留學。

論素質，論學力，當時的「書生」和現代的大學生均有天地之別。他們可以說是走在時代最尖端的精英。

舉例來說，明治二十年的東京帝國大學的地方出身學生，法學系佔七九％，醫學系佔八四％，文學系佔七五％。這些精英正是日後左右日本國家去向的政府官僚。

只是，像東京這種大都市，雖然具有讓年輕

人登龍的可能性，但同時也隱藏著各種強烈刺激官能的陷阱。這點在現代也一樣，從地方城市進京的年輕人，若缺乏堅毅的大志，恐怕會宛如跌入一座大迷宮，暈頭轉向地在原地轉圈子。

西餐、肉食普及之後，率先享受流行的人正是這些「書生」。在喫茶店邊喝咖啡邊閱讀的風氣也是這些「書生」帶頭造成。此外，東京更是日本全國的言論機關核心，年輕人可以自由發表言論，甚至可以糾眾組黨起事。

「書生風俗」一直持續至昭和時代初期。戰前，日本有不少富裕人家都有讓「書生」寄宿的「書生房」。

當時的「書生」很容易辨認，通常在開襟傳統和服裡又穿一件立領白襯衫，下半身配一件下裳的「袴」，腳上是一雙高齒木屐，走起路來鏗鏘鏗鏘作響。如果懷中再抱著幾本洋書，那真是會迷煞許多情竇初開的少女。

1 一坪約三・三平方公尺。

2 後醍醐天皇（Godaigo Tennou, 1288-1339）。第九十六代天皇。

3 天照大神（Amaterasu-Oomikami）。女神，今日日本天皇的始祖，也是神道最高神祇，日本民族的總氏神。

4 約翰・威廉・芬頓（John William Fenton, 1831-1890）。愛爾蘭出身的英國軍樂隊員。

5 林廣守（Hayashi Hiromori, 1831-1896）。幕末、明治前期的雅樂演奏者。

6 大隈重信（Okuma Shigenobu, 1838-1922）。佐賀縣出身。第八、十七任日本內閣總理大臣，第三十、三十二任內務大臣，貴族院議員。早稻田大學創校者。侯爵爵位。

7 四方節（Shihousetsu）。目前的「四方拜」（Shihouhai），宮中一年最初的儀式。

8 德川慶喜（Tokugawa Yoshinobu, 1837-1913）。

9 《朝野新聞》。明治七～二十六年（一八七四～一八九三）於東京發行的民權派政論新聞。

PART 1 —— 明治新日本

明治時代的婚姻內情

公然的一夫多妻現象

通過明治維新，日本對世界打開了窗口，以近代化為目標，性急地一往直前。然而，急劇的近代化底層仍然堆砌著舊俗道德觀。

明治時代的化妝女性，大約拍攝於1860~1900年。攝影者不詳。

江戶時代的武士門第，為了傳宗接代，採取一夫多妻制，公認男子納妾，當作妊娠後備軍。明治政府也承襲了此家族道德觀，明治三年（一八七〇）制定的刑法法典《新律綱領》五親等圖中，妻子和小妾均屬同等的二親等（隔代直系親屬或同代非直系親屬）。

新法律本來是取代舊律令的近代化公法，才會取名為「新律」，另一方卻又理所當然地接納了一夫多妻制陋習。社會更傾向擁有小妾的男人才是有能者的潮流，「妾」成為男人誇示權力與財富的標籤。

有些男人故意讓愛妾精心打扮，乘著馬車在市內兜風以引人注目；有些男人則以三房四妾為傲，蓋了許多別墅，讓每名愛妾各別住在園林別館。

因此，明治時代的高官都是一夫多妻制實踐者，最有名的漁色大師是歷任四次首相的明治維新元老伊藤博文[1]，每年更換女人，而且特別喜歡未滿二十歲的年輕女孩。

第四、第六任首相的松方正義[2]亦擁有二十數名愛妾，孩子多達二十六個。有一次，明治天皇問他到底有幾個孩子，他當下答不出，只能回說「日後經調查再上奏」。松方正義因孩子太多，考慮到世間體面，據說晚年的孩子全都申報為「孫子」。

伊藤博文。

此外，這些高官的妻妾大部分採同居方式。

伊藤博文的妻子梅子，住在神奈川縣南部的大磯，別墅名為「滄浪閣」[3]。儘管丈夫不停帶新女人過來，她也不發任何怨言，不動聲色地以女主人身分照顧這些側室。

伊藤博文的左右手伊東巳代治[4]的妻子八重子[5]，甚至將側室生的孩子視為親生孩子，毫無區別地一起養大。

當時的世間人極力贊揚這些妻子，傳為盡人皆知的美談。

松方正義。

一夫一妻制的確立

某些有識之士認為日本若想和先進國家並肩而行，終究還是不能讓納妾制度存續。

思想家、教育家，亦是日本著名私立大學慶應義塾大學的創立者福澤諭吉[6]，在其著《勸學》（一八七二～七六年）第八篇中，不但強調「生於這世間的所有人，男人是人，女人也是人」，譴責一夫多妻制及擁有愛妾的男人，並炮轟「妻妾同居」等同於「家畜小房」。

福澤諭吉。

日本現代教育的先驅及首任文部大臣，亦是「日本現代教育之父」的森有禮[7]，也在《明六雜誌》連載了四回《妻妾論》。

森有禮在《妻妾論》中大肆抨擊日本的夫婦不是真正的夫婦，丈夫是主人，妻子是奴隸，當丈夫的除了妻子以外還納一妾或數妾，又明言「妻妾同居有違人倫大道，不合人性」。

此外，森有禮將日本夫婦關係之所以如此紊亂，之所以變得有名無實的原因歸咎於法律制度，並提出自己擬定的「婚期律案」試行法。

「婚期律案」的內容是，只要男子超過二十五歲、女子超過二十歲，都可以各自依照自己

森有禮。

的意志結婚；結婚時，需要婚姻當事者雙方的同意，用威逼進行的婚姻無效。

明治時代的婚姻觀念仍是門戶與門戶之間的聯婚制度。也就是說，婚姻對象都由父母決定，有時直至婚禮當天，婚姻當事者雙方連見面的機會也沒有。

「婚期律案」亦嚴厲禁止重婚，並聲明，妻子受到不當待遇或丈夫明顯不貞時，妻子也可以主動提出離婚要求。離婚成立時，妻子可以請求賠償費。

但是，對男人來說，一夫多妻制與重婚制（當時非常多）是一種可以公然享樂的合法手段，不可能因有識之士提出異議而廢止。

也因此，福澤諭吉在《明六雜誌》中主張，即便無法立即廢除此陋習，納妾者也應該盡量隱藏愛妾的存在，應該先培養「納妾是可恥之事」的觀念。

正因為福澤諭吉深知上流階級的潮流，才會這麼說。由此可見，在當時確實很難實施廢除納妾的法令。

所幸，這種野蠻風俗習慣對外國人不通用。明治政府當時的最大課題是消除不平等條約，政府要人必須不惜一切代價修訂條約。為了向外國證明日本正在步向文明國家之途，最終不得不制定廢除男子納妾和妻妾同居的法令。

如此，明治十一年（一八七八）開始準備新刑法，明治十三年（一八八〇）宣告世人，明治十五年（一八八二）一月實施。

自此以後，「妾」這個字首次在日本法律條例中被削除，一夫一妻制正式成立。

然而，新刑法完全是虛假招牌，沒有登記戶籍的「婚外婚」依舊盛行不衰。

男性對納妾之事本來就毫無罪惡感，制定新法令的男人怎麼可能實際廢除此制度呢？他們只是從「公然帶著愛妾乘著馬車在市內兜風」改為「金屋藏嬌」而已。

對當時的女性來說，本質上的真正的一夫一妻制，仍是遙不可及的奢望。

福澤諭吉與森有禮的「女性觀」

福澤諭吉的著作《勸學》，在當時可以說是空前的暢銷書。

他在書中鋪陳的新思維與自由的空氣，令大眾拍手稱快，也讓女性體會到開放感。

譬如福澤在該書第八篇中明言「生於這世間的所有人，男人是人，女人也是人」，這是日本女性首次被有識之士公認為「人」的例子。

福澤主張，只要生而為人，不問男女貴賤，均擁有自由與平等的權利。簡單說來，就是今日的「天賦人權」思想，這種論點給當時的人帶來強烈印象。

福澤自己出生於下級武士家門，正因為親身體驗過各種歧視，他極度排斥封建社會的等級制度。

如此，福澤給明治時代的人帶來一陣旋風，導致某些後人以為他終生都為了實現男女平等的理念而奮鬥，至今仍不時受吹捧並被美化。

明治時代的女性，日下部金兵衛（Kusakabe Kimbei, 1841-1934）攝影。

然而，從女性史的角度來看，福澤的「天賦人權論」中，其實並不包括女性及某些人。

福澤在《勸學》中論述，所有人都應該向學、積極接受教育，並追求個人的自由獨立。

而且，只要生而為人，人人皆具有此權利。

他主張，民眾通過教育，可以除掉舊有的封建社會，有能力的人也能讓自己自由獨立：

個人自由獨立後的結果是門戶獨立，門戶獨立後的結果是國家獨立，國家獨立後的結果是天下獨立。

這是福澤的論旨。

所謂「天下獨立」，意思是與西洋列強並肩而行，成為資本主義社會其中一員，晉身「大國」後，再仿效前輩各國獲得殖民地。說白一點，這正是福澤鼓勵民眾向學的真正目的。

總之，福澤主張的「人人皆有接受教育的權利」中的「權利」，根底仍與「該如何讓國家強大起來」的問題有關。他的「天賦人權論」也拘限在此次元內。也因此，他在當時提倡的男女平等、婚姻自由等近代化思想，與我們現代女性目前正在享受的男女平等實境，其實仍有相當大的差距。

福澤諭吉在《日本婦人論》中，表明了他的理想女性形象是西式的賢妻良母，而且最好是「擅長家政」，亦即當時的英國上流階級婦女形象。

因此，他提倡的「男女平等」，並非鼓勵女性外出工作，爭取經濟性的獨立。在他眼裡，女性最終仍是守護家庭的存在，只不過在家庭內擁有至今為止沒有的主婦權利而已。

不過，福澤於婚前、婚後的女性經驗始終只有妻子一人，這點倒是說到做到，值得讚賞。

我們再來看看「日本現代教育之父」森有禮的例子。

森有禮確實在《妻妾論》中大肆抨擊當時的納妾制度，並提倡婚姻自由、禁止男子重婚等，在當時算是思想極為先進的男士。

他於明治八年（一八七五），在當時任職東京府知事的大久保一翁[8]及福澤諭吉的見證下，與廣瀨常[9]完成契約結婚。據說這是日本最初的契約結婚例子。

合同書中第二條標明「認可夫妻雙方的義務」，第三條則確立「夫婦的財產權」。表面上看來，森有禮可以說積極地以身作則實踐了男女平等的口號。

然而，婚後十年，阿常竟同其他男人私奔了。於是森有禮又於明治十八年（一八八五）與明治維新十傑之一的岩倉具視[10]的女兒寬子[11]再婚。

明治十八年正是內閣制度成立的年度，再婚不久的森有禮就任第一代文部大臣。他還未享受到新婚滋味，便不得不周遊全國進行演說。

森有禮這個人是典型的形式主義、理想主義者，他每天的生活都過得井然有序，從早上醒來至夜晚就寢之前，凡事一絲不苟。

例如晚餐是歐洲式的正式晚餐，必定穿戴打著蝴蝶領結的無尾晚禮服，在身邊有廚師伺候的桌子吃西餐。並且強迫夫人也如此做。

然而，寬子夫人是朝廷公卿的女兒，生在京都、長在京都，無法適應這樣的用餐方式。婚後，她一直很想吃一頓茶泡飯。

這回丈夫必須出遠門進行全國演說，對寬子夫人來說，正是偷吃茶泡飯的好機會。不料，廚師對她說：

「夫人，主人今天出門時特別囑咐過，他不在家時，夫人可能會想吃茶泡飯，但茶泡飯對健康不好，絕對不可以做茶泡飯給夫人吃。主人還說，他不在時，三餐都必須如常進行。」

這正是當時主張男女平等、明治六大教育家之一、日本現代教育之父的「女性觀」。

森有禮自慶應元年（一八六五）赴英國留學，之後又前往俄羅斯旅遊，接著又到美國留學。明治三年成為第一任駐美國代理公使，明治六年（一八七三）回國後，開創明六社，在《明六雜誌》發表《妻妾論》，大肆抨擊日本的一夫多妻陋習，更批評日本的夫妻是「丈夫是主人，妻子是奴隸」。

連這種從事啟蒙運動的先進知識分子都這樣

對待妻子了，遑論其他下層階級的老百姓？既然妻子連吃一頓茶泡飯的自由都沒有，這還算什麼簽訂合同的「契約結婚」？算什麼「男女平等」呢？

難怪第一任夫人的阿常會同其他男人私奔。

近代戀愛的萌芽

自古以來，日本便有「戀」這個字，但沒有「戀愛」這個名詞。「戀愛」[12]的觀念是隨著其他西洋觀念傳入日本，再由某些文人翻譯成漢字的「戀愛」。往昔的中國則稱之為「兒女私情」。

明治時代之前，日本雖然沒有「戀愛」這個名詞，但並非表示男女之間也沒有戀愛這種情緒。

古籍《萬葉集》、《源氏物語》以及江戶時代的人形淨瑠璃作家井原西鶴[13]，或歌舞伎作者近松門左衛門[14]等人的作品中，便有許多男女戀愛事例。只是，這些自由戀愛的事例，通常被描寫為有違社會道德和社會秩序的特殊事件，而且是一種在人生中的異常心理。

「戀愛」確實是極為強烈的私人感情，不但會令人失去理智，也會令人昏頭暈腦，甚至不惜犧牲自己的性命。當時的人視「戀愛」為一種異常心理，也並非毫無道理。

明治時代的評論家、浪漫主義詩人北村透谷[15]，正是針對視戀愛為違反社會道德的舊觀念挑戰。

> 戀愛是人生的祕鑰，有戀愛才有人生，除去了戀愛，人生還有何色味可言？（出自〈厭世詩家與女性〉一文）

這篇文章刊登在明治二十五年（一八九二）二月號的《女學雜誌》，在當時的青年之間掀起極大反響。

北村透谷將戀愛形容為一把「解開人生祕密

北村透谷。

的鑰匙」，褒讚戀愛可以提升人活在這世上的意義與價值。

明治二〇年代，正是士族叛亂、自由民權運動受挫的時代，國家主義者呼籲「老百姓必須具有肩負近代國家之未來的『國民』意識」。

簡單說來，就是直至明治二〇年代，「國民」的觀念還未普及於一般大眾。

另一方面，青年層則開始認識並領悟何謂「自我的尊嚴」與「自由」的意義，他們想追求近代的新生活方式，因而出現許多參與文學及社會改革運動的年輕人。

德富蘆花。

然而，擋在這些剛覺醒的「自我」面前的障礙物，正是日本古來的「門戶制度」。

日本小說家，亦是著名的思想家、評論家德富蘆花[16]，於明治三十一年（一八九八）十一月至三十二年五月，在《國民新聞》連載的暢銷小說《不如歸》，就某種意義來說，正是反映了當時的日本人無法脫離「門戶制度」，讓新婚夫妻重組小家庭的社會制度。小說內容主要描寫相思相愛的主人公武男和浪子，被婆婆硬性拆散的事例。

另一位日本著名小說家有島武郎[17]寫的佳作

《某個女人》，也是現實生活中實際發生的例子。

小說的女主人公是日本小說家、詩人國木田獨步[18]的第一任妻子佐佐城信子[19]。

兩人熱烈相愛，不顧父母及世間人的反對，以私奔形式毅然地結了婚。結果，婚姻生活僅維持五個月，信子即離家出走。當時的信子身懷六甲，卻瞞著此事與國木田獨步離婚。

對於這件事，世間人均單方面地批評信子，指責信子是個任性、自私的賤貨。

國木田獨步過世後被公開的日記中，詳細記述了他與佐佐城信子的熱戀過程以及信子離家出走的原因。

原來信子懷有想當女記者的夢想，但丈夫獨步不但阻止她追求人生夢想，又因為文人賺不了多少錢，實際的生活相當窮困潦倒。這樁婚事完全是獨步單方面的錯，不但於婚前欺騙了信子，婚後還禁止信子外出，對所有支出極為囉唆，連一分錢、一厘錢都管得非常嚴。

以現代人的眼光來看，信子離家出走是正確的選擇。

閱讀國木田獨步的日記，多少可以理解明治

有島武郎。

國木田獨步。

時代的男人到底有多自私且霸道的生態。

總之，當時的自由戀愛和戀愛結婚事例，通常因門不過根深柢固的「門戶制度」而受挫，要不然就是因男性單方面的蠻橫理論而夭折。由女性啟開愛情之窗的主導權仍遠在天邊。

丈夫管理妻子的財產

明治三十一年（一八九八）施行的民法典，不但讓「門戶制度」復活，且比之前更牢固地壓迫著個人生活，婚姻亦是「門戶」與「門戶」之間的聯姻。被父母強迫嫁出去的女性，往往過著奴隸般的生活，在家務和育兒、服侍丈夫及公婆的瑣事中，空虛地結束類似無薪工的一生。

根據明治民法，所有日本國民均必須從屬於特定的「門戶」，而且戶主擁有強大的「戶主權」。無論婚姻或過嗣、入贅、移居等，都必須經過戶主允許，完全無視個人的意志。長子是法定推定戶主繼承人，在家庭內同樣擁有特別權威。

已婚女性被貶至必須絕對服從丈夫的地位，還有一條「丈夫管理妻子的財產」法令。所謂管理，意思是丈夫有權隨意處理妻子的財產，

明治25年（1892）的石版畫。

明治時代的農村女孩。

妻子不但無權擁有自己的財產，所有經濟性行為都要經過丈夫同意。

也就是說，無論已婚或未婚，「女性」對明治政府來說都是無能之輩。

不僅如此，連丈夫去世後，也由兒子繼承一切遺產，妻子仍舊沒有一絲錢財，只能成為仰賴戶主（兒子）扶養的身分。

如果膝下沒有孩子，則由直系尊親（丈夫的父母）繼承遺產。若沒有兒子，但有女兒，就讓女兒招贅，讓女婿繼承遺產。

另有一條法令規定，假如正室只有女兒，但側室那邊有兒子，那麼，丈夫的所有財產都歸側室的兒子繼承。

理解了上述這些明治時代的民法，再去閱讀夏目漱石[20]的《虞美人草》，便能明白夏目漱石在小說中到底想表達什麼。

總而言之，大多數的明治時代女性都沒有選擇婚姻伴侶的自由，只能遵循戶主（父親或哥哥、弟弟）的指示，嫁給一個從未見過面的男人。

雖然當時也有相親這個手段，但是，相親只是結婚的必要手續之一，只要相了親，通常無法謝絕親事。

女性一旦結婚成為某人的妻子，只能在這種父權體制、戶主統治的制度下，放棄自己決定自我人生的權利，一切以丈夫的生活為基準，迎合並適應夫家。

軍人的結婚許可制

一心朝富國強兵埋頭猛進的明治政府，用曖昧的「內部規則」語詞承襲了德川幕府的武士婚姻許可制。只要把「武士」換為「將校」，恰恰是江戶時代的幕府法令，而且明治政府的規則比幕府的形式上的制度更嚴格。也就是說，將校想結婚時，必須向上級報告，並請求正式的批准文件。

將校提交婚姻對象的資料給軍部人事局後，憲兵會徹底調查女方是否適合當軍人的妻子。家族、親戚、雙親是否健在、父親的職業、兄弟姊妹的動向、家族的財產、當事人的交友關係等，各方面都會查得一清二楚。只要稍微有可疑之處，上級便會命申報者延緩婚期。

倘若女方曾當過藝妓或其他鄙賤職業、家庭經濟窮困、單親家庭等，統統否決。因為在上述環境中成長的女子沒有資格當「帝國軍人的妻子」。

為何要如此執拗地調查呢？

首要目的是調查女方以及周邊人的思想傾向，其次是經濟狀態。

明治時代的軍人只能死在戰場，軍人的妻子終歸會成為寡婦。到時候，要是軍人遺孀的生活過得不好，會影響現任軍官的士氣。

事實上，軍官收入微薄，無法養活一戶家庭，大部分人都仰賴妻子娘家的經濟援助。

既然如此，出身好，家庭經濟也寬裕的大家閨秀為何甘願嫁給窮漢軍官呢？

別忘了，當時的女性根本無權選擇自己的婚姻對象，都是「戶主」指定要選誰作女婿。

按當時的慣例，女方娘家通常會保證十至二十年的經濟援助，但男方也必須在這期間苦幹實幹，一步一步加官進祿才行。否則岳父一聲「休夫」令下，男方不但會落人笑柄，也會失去經濟上的保障。

再者，當時是富國強兵時代，女婿是帝國軍人這件事，就足以讓岳父走起路來一搖三擺。

明治時代的離婚

江戶時代，通常是丈夫單方面的無限制專制離婚，妻子無權要求離婚。但是，明治六年（一八七三）五月，立法府（國會）宣佈賦予妻子要求離婚的權利。

只是，妻子要求離婚時需要父兄陪同出席，由這點也可看出明治政府於各方面都在加強父權體制。而實際上，妻子基於經濟性理由，也很難主動提出離婚，但在法律上，妻子總算有權要求離婚，對女性來說，算是往前跨出了一步。

那麼，明治時代的離婚統計數據到底有多少呢？

日本是明治十五年（一八八二）開始實施離婚統計。根據紀錄，十五年至三十年為止的期間，平均每三對夫妻中，就有一對離異。由於離婚件數太多，離婚在當時似乎被視為是理所當然的事，完全不成話題。因為幾乎都是「休妻」例子。

明治二十年（一八八七）左右，《女學雜誌》曾針對離婚問題刊載了數回文章。文章中提及：

> 婚姻是人生中最重要的事，但現代人的婚姻猶如主人（丈夫）僱女傭（妻子），女傭也懷著前往夫家當婢女的決心與丈夫結緣，這樣的婚姻形態令人喟然而嘆。離婚習慣已經成為我國的正常風俗，眾人見怪不怪，誠可悲也！

這段文章正說明了當時的婚姻本質。

不過，根據當時的統計，離婚件數大多集中

在東北五縣和新瀉、山梨、靜岡、鳥取、島根等縣。

主要原因是農村、漁村等地區，婚姻慣習仍停留在江戶時代的暴力離婚做法，娶媳婦的目的是為了獲得勞動力以及有權繼承戶主的後裔（男子），倘若妻子的行為不合夫家門風或生不出兒子，夫家的公婆甚至自己的丈夫便會隨時休妻改娶。

明治三十一年（一八九八）實施了民法，規定男女結婚和離婚都必須向政府申報，離婚率也隨之減半。

但是，離婚率減半並非意味離婚的人減少了，而是「事實婚」（普通法婚姻）增多。也就是說，許多人都選擇雖然沒有合法登記婚姻，但有婚姻之實的婚姻方式。

「日本的新娘」事件

明治時代中期，日本發生了一起轟動全國的奇妙案件，名為「日本的新娘」。

日本有位牧師因在美國出版了一本批判日本家族制度的書籍，最後被剝奪了神職工作。

簡要說來，就是有一位名為田村直臣[21]的牧師，於明治二十五年（一八九二）寫了 *The Japanese Bride*（《日本的新娘》）一書，在美國出版。內容是日本女人的婚姻實情。

田村牧師為何要這樣做呢？

因為英國新聞記者兼遊記作家、詩人、東洋學者、日本研究家的埃德溫•阿諾德爵士[22]，把日本婦女描述得過於理想化，給美國國民帶

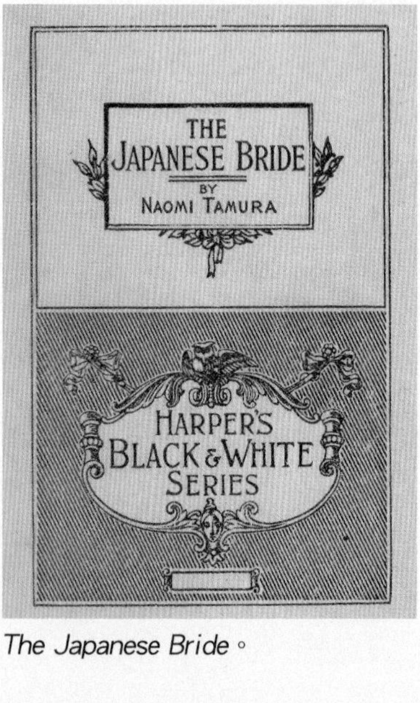

The Japanese Bride。

來很大影響。美國方面認為，既然日本已經如此文明化，往後沒有必要繼續在日本傳道了。

田村牧師擔憂外國傳教士到日本傳道的風潮會隨之減弱，認為阿諾德爵士沒有認清事實，只看到表面，過於美化日本女性，於是決心執筆暴露真相。

他在書中坦白敘述了日本的未婚女子完全沒有選擇配偶的自由，所有女子都是奉父親或養護權者的哥哥之命被迫出嫁。

明治29年（1896）的新娘子，楊洲周延（Yōshū Chikanobu, 1838-1912）畫。

田村牧師是生在日本、長在日本的純粹日本人，當然深知日本的風俗習慣，書中所描述的內容全都是事實。

但是，這本書傳到日本後，轉瞬間便讓整個社會沸沸揚揚，所有媒體均指責田村牧師如此做是一種國恥。

大部分的憤怒與反駁意見都來自有識之士階級。因為當時的有識之士階級正是父權體制、戶主統治制度的支持者。不過，他們也明白田村牧師寫的均是事實，更深知日本女子毫無擇偶自由的根源正是戶主統治制度。

只是，既然在原則上，婚姻是「門戶」與「門戶」之間的大事，當然不能承認個人的自由意志，也就不得不行使父權及戶主的權力。只有戶主圓滿地維持家庭內的秩序，才能確立社會的秩序。這正是當時的上流階層的觀念。

明治時代的女性，小川一真（Ogawa Kazumasa, 1860-1929）攝影。

不過，他們也明白此道理在外國不通用。在外國人眼裡看來，這種風俗習慣可能會被誤解為一種「野蠻的風俗」、「未開化的習俗」，因此上流階層的男士始終盡可能避免讓外國人觸及此問題。

然而，田村直臣不僅正面挑出了此問題，還出版成書，恰似對美國國民訴說日本人是個多麼未開化的民族那般。這對日本國內的知識分子以及上流階層男士來說，是一種嚴重的羞辱，絕對不能饒恕。

田村牧師的懲罰

明治二十五年，日本基督教會終於在東京召開大會，處罰了田村直臣，剝奪了他的牧師工作。如此，引起世間爭議，鬧了一年半的事件算是有個了結。

但是，在這屆大會中，有不少外國人牧師認為這是一種迫害，高聲反對田村牧師的處罰。有人表示，在歐洲和美國都沒有這樣的審判；也有人抗議，只因出了一本書就被剝奪職位的話，實在沒有必要成為大會會員。

只是，佔最大多數的日本人牧師都投票贊成處罰，最終還是表決了。

那麼，針對這些外國人牧師的發言，日本社

會到底做何反應呢？

這可以從明治二十七年（一八九四）七月十四日第三八八號的《女學雜誌》社論〈日本的新娘作者〉看出一些端倪：

> 總體而言，對於這類外國人的發言，基於個人的自由，雖然沒有必要防止，但假如他們的發言內容也表現在實際言行中，那就有必要發出異議。畢竟他們不是在外國傳道，而是在日本帝國內傳道。倘若傳道也是一種教育行為，身為牧師的人應該鑑於該國家的歷史、習慣、人情、風氣等，忠實並謙遜地考察該如何應用於傳道。
>
> 他們來到此帝國，卻不知此帝國的歷史，他們和我國國民接觸，卻不知我國國民的風氣，徹頭徹尾根據自己國家的習慣，根據自我同族的意見而妄行。如果這不算一種迂腐，那就是無禮。
>
> 說起來，此等外國教師（傳教士）對我國的習慣、感情、風氣、歷史等，均為門外漢也。假如他們明白何謂謙遜和禮貌，明白該如何敬重日本前輩的道理，便應該對這種問題也緘口不言才是。

文章的內容及口吻都相當傲慢。簡單說來，意思是「外國傳教士不理解日本特有的歷史以及習慣，所以最好別多嘴」。

可是，這篇社論的邏輯其實很怪，完全牛頭不對馬嘴。

外國傳教士的意見是，不應該因田村直臣向外國人介紹了本國特有的新娘實情，而剝奪他的職位。他們並非在干涉日本特有的風俗。田村直臣只是坦率地說出事實而已，這點又犯了什麼錯呢？

當時批判此事件的文章中，不時出現「暴露國民的缺點，煽動外國人的感情」這類詞句。

由此也可看出，當時的有識之士都同意女子的婚姻自由確實犧牲在日本家族制度上，雖然這是日本特有的風俗習慣之一，但也是短處之一。田村正因為暴露出這種不能讓外國人知道的內情，才會給他冠上「國恥」、「賣國賊」等罪名，並實施變相的「公審」，以剝奪職位定罪。

強而有力的父權、戶主權

雖然也有一部分人認同田村直臣寫的《日本的新娘》這本書，但他們也是以「女兒年幼，不懂世間，她們之所以會奉父命出嫁，其實是信賴父母的眼光，夫家也都是門當戶對的姻眷」為由，支持父權至上的社會制度。

總之，明治、大正時代的一般都市中流家庭，幾乎都是父親決定女兒的婚姻大事。也就是說，大多數的市民家庭的未婚女子，都是奉命出嫁的例子。

都市都如此了，那麼，農村呢？

農村看似比較自由，不像都市上流階級那般死板。然而，事實正相反。農村的未婚女子的命運比都市女子更慘。這從當時的公娼制度問題可以看出。

明治時代的公娼制度比江戶時代更發達，而大部分娼妓的供應源正是農村。這正說明了有許多農村父親將自己的親生女兒換為金錢，農

明治中期的未婚女性，放送大學附屬圖書館藏。

村的父權比都市更強而有力。

若以現代人的眼光來看，大概沒有人會相信親生父母竟然會賣孩子。無論家境再怎麼貧窮，哪有當父母的人會賣自己的孩子呢？

其實現代仍有很多這種父母賣孩子的例子，只是我們看不到，身邊沒有這種例子而已。

在父權至上的制度下，當父親的人對女兒的感情會變質。他們會將女兒私有化，並視女兒為私有財產的一部分。在他們眼裡，「女兒」不再是人，而是「物」。

「婦人矯風會」和「廓清會」曾在娼妓最大供應源的山形縣小國村進行調查，得知許多女子都是因為強大的父權而被賣掉，不是因為家裡太貧困或債務太多。

換句話說，日本的紅燈區娼妓幾乎都是農村出身，這也證明當時的農村的父權比都市區更霸道。

武士門第社會直至天保年間（一八三〇~四四），始終沒有相親這個習慣，但在庶民社會中早就確立了。明治、大正時代當然也有相親習慣，只是，相親對象都由父母決定，完全沒有當事人插嘴的餘地。

而在農村，相親習慣更被省略，通常都是父親一聲令下，便決定了女兒的終生大事。

也因此，許多未婚女子在事前都僅知道對方的名字，然後在婚禮當天才看到對方的長相。不過，農村女子因必須到田裡幹活，比較有機會偷窺未來夫婿的長相或工作現場。

當時的女子也對這種婚姻形式不懷任何疑問，她們都認為這正是女人的命運，完全聽天由命。

那麼，日本女子到底如何掙脫這個強而有力的父權制度呢？

這要等到職業婦女層急劇增多後的大正時代中期至後期。女子只要在經濟上能夠獨立，想擺脫父權或夫權的控制也就沒有那麼難了。

女子自己能賺錢的話，不但會促進自主性，也會提高發言權，繼而主張獨立。據說，當時的職業婦女大多是戀愛結婚。因此，父權制度下的婚姻形式變化，是源自都市女子的經濟獨立。

至於農村，直至戰敗之前，父權制度仍很強。戰後因實施地方城市的集體就業，大量青年子女前往都市就職，可以自己謀生後，才逐漸擺脫父權制度。

此外，也因為集體就業制度，造成農村陷入兒媳婦饑荒困境，再也無法持續「門當戶對」的選擇，繼而提高了戀愛結婚的可能性。

日本的父權制度歷史很長。就此意義來說，田村直臣於明治二十五年告發的《日本的新娘》，確實是不能被忘卻的重要事件。

只是，不將被告發的羞恥事當作問題，卻直接以「社會性抹殺」方式讓作者無法立足於社會，也確實是當時的時代風氣使然。

---

1 伊藤博文（Itou Hirobumi, 1841-1909）。山口縣出身。明治維新元老，第一、五、七、十任日本內閣總理大臣，第一屆貴族院議長，第一任朝鮮統監。公爵爵位。

2 松方正義（Matsukata Masayoshi, 1835-1924）。政治家、財政改革家，日本內閣總理大臣。公爵爵位。

3 滄浪閣（Sourou Kaku）。名字取自〈滄浪歌〉：「滄浪之水清兮，可以濯我纓；滄浪之水濁兮，可以濯我足。」

4 伊東巳代治（Ito Miyoji, 1857-1934）。官僚、政治家。伯爵爵位。

5 八重子（Yaeko）。

6 福澤諭吉（Fukuzawa Yukichi, 1835-1901）。大阪府出身。思想家、教育家，東京學士會院首任院長，私立大學慶應義塾大學創立者，明治六大教育家之一。一萬日圓紙幣肖像。

7 森有禮（Mori Arinori, 1847-1889）。鹿兒島縣出身。第一任文部大臣，一橋大學創校者，明治時六大教育家之一。子爵爵位。

8 大久保一翁（Ookubo Ichiou, 1818-1888）。幕末時期至明治時代的幕臣、政治家，東京府知事、元老院譯官。「一翁」是隱居後的名字，隱居前名為忠寬（Tada Hiro）。

9 廣瀨常（Hirose Tsune, 1855-?）。

10 岩倉具視（Iwakura Tomomi, 1825-1883）。京都人。公卿、政治家、維新十傑之一。第二任外務卿。

11 寬子（Hiroko, 1864-1943）。

12 戀愛（Romantic Love）。

13 井原西鶴（Ihara Saikaku, 1642-1693）。江戶時代的浮世草子、人形淨瑠璃的作者以及俳人，被譽為「日本近代文學大師」。

14 近松門左衛門（Chikamatsu Monzaemon, 1653-1725）。日本江戶時代前期的劇作家，人形淨琉璃、歌舞伎的作者。

15 北村透谷（Kitamura Tokoku, 1868-1894）。日本浪漫主義詩人。

16 德富蘆花（Tokutomi Roka, 1868-1927）。熊本縣出身。小說家。

17 有島武郎（Arishima Takeo, 1878-1923）。小說家。

18 國木田獨步（Kunikida Doppo, 1871-1908）。小說家、詩人。

19 佐佐城信子（Sasaki Nobuko, 1878-1949）。

20 夏目漱石（Natsume Souseki, 1867-1916）。作家、評論家、英文學者。

21 田村直臣（Tamura Naoomi, 1858-1934）。

22 埃德溫・阿諾德爵士（Sir Edwin Arnold, 1832-1904）。

PART 1——明治新日本

女工哀史

製絲廠女工與紡織廠女工

明治五年（一八七二）十一月（舊曆十月），日本政府經營的製絲廠於群馬縣西南部富岡市開業，名為「富岡製絲廠」。

當時的日本政府以工業化為富國強兵的目標，但無法一開始便著手重工業，只能從已有經驗的纖維手工業做起。日本最初的大型煉鋼廠成功例子是富岡製絲廠設立三十年後才出現。

由於製絲業可以說是決定新日本去向的大事業，工程師和機器用法都由自法國招聘的工程師負責指導。

工廠竣工之前，政府便向民間發放招聘女工通告。但是，因民間流傳「成為女工會被洋人喝鮮血」的謠言，招不到預定數量的女工。翌年一月，工廠的四百零四名女工，幾乎都是自告奮勇的舊武士階級的女兒。同年四月才增加至五百五十六名。

女工的工作環境相當充實。不但導入在當時算是最先進的以七日為一個工作週的星期制，以及週日休息、年末年初和夏季各十天休假、一天工作時間約八小時等制度，還提供伙食費、宿舍費、醫療費和制服。

在這之前，日本員工的休假期間通常只有年末年初和夏季計三次，星期天不休息，不過，一天的工作時間比較短。

明治十年（一八七七）起，政府實施夜間學校的女工閒暇學校制度，富岡製絲廠也設置了學校。只是，白天的工作就已經夠疲累了，夜晚還想學習認字書寫或縫紉的女工並不多。

而且對年輕女工來說，國營企業的嚴格紀律以及工廠內的噪音等，都是造成精神壓力的主要原因。也因此，做不到一年至三年的工期便辭職的人相當多，並由於頻繁更換大量女工，導致工廠無法留住熟練工，最終淪為赤字經營。

這時期的所有國營企業，包括富岡製絲廠，都是將核算置之度外的赤字公共事業。尤其初期的數年，與其說是大量生產生絲的工廠，不如說是住宿制的女子纖維工業專科學校比較正確。就這時期來說，日本的纖維手工業工廠確實還沒有出現「女工哀史」的事例。

只是，因各種身分的年輕女性共同生活在同一個地方，不少農村出身的女工為了模仿上流

《上州富岡製絲廠》，明治5年（1872），第二代歌川國輝（Utagawa Kuniteru, 1830-1874）畫。日本實業史博物館藏。

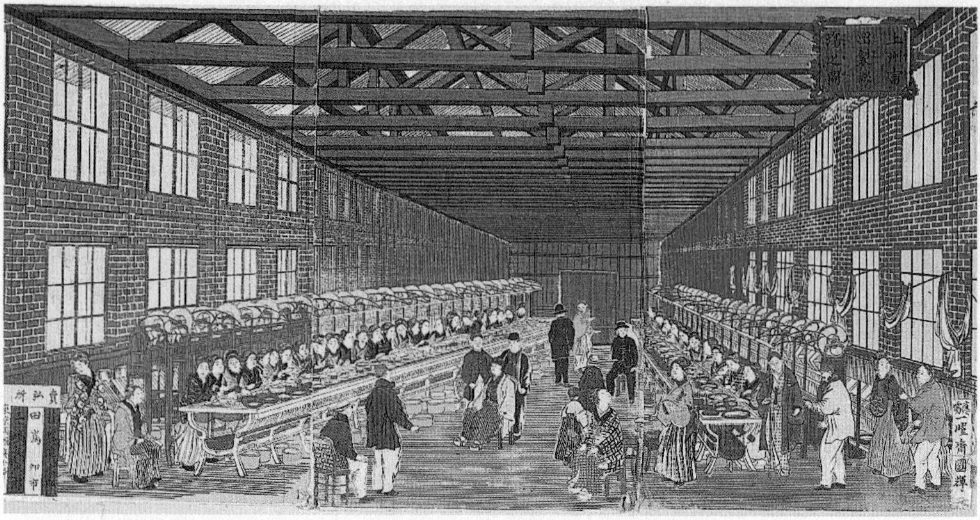

《上州富岡製絲廠之圖》，第二代歌川國輝畫。日本實業史博物館藏。

階級出身的女性裝扮，以分期付款方式向進出出於工廠的布匹商、雜貨商等購買服飾，造成反復欠債的結果。

之後，富岡製絲廠的生產量一直不增長，始終保持赤字經營，最終在明治二十六年（一八九三）售與民間。

第一家接手的民間企業是三井家，以十二萬一四六〇日圓成為最高額投標者。

三井家時代的經營大致不錯，這時期也新建了宿舍，只是，約半數女工都是從家裡通勤上下班。

比起開業當初，女工的勞動時間有增長傾向，六月的實際工作時間是十一小時五十五分，十二月則為八小時五十五分。

三井家除了富岡製絲廠，另擁有三家工廠，但四家工廠的全部收益情況不能說是良好。因此，三井家於明治三十五年（一九〇二）將所有工廠轉讓給實業家原富太郎[1]。四家工廠的價格為現金十萬日圓，以及每年分期付款的十三萬五千日圓，為期十年。

昭和十三年（一九三八），富岡製絲廠又獨立為股份公司，主要經營股東是片倉製絲紡織公司。

製絲業轉移到民間企業後，有些企業便逐漸以預支方式僱用貧窮農家女兒，再將這些年輕女工關在如監獄的宿舍任意驅使。

明治中期至大正初期，製絲業及紡織產業需求劇增，日本全國各地相繼建設新的製絲工廠和紡織廠。為此，女工短缺問題甚為嚴重，低工資、重勞動的工作益發壓在未成年女工肩上。這類女工大部分出自貧困家庭。

不過，早在明治十九年（一八八六），山梨縣甲府雨宮製絲場便因為將本來是三十二、三錢的日薪降低了十錢，而且依據遲到、早退等大幅扣除工資，導致發生一起日本最初的近代式罷工例子。

甲府雨宮製絲場罷工成功後，日本全國各地的製絲廠和紡織廠紛紛發生女工罷工事例。日本新政府認為不能如此讓女子繼續囂張下去，遂制定了前述的父權至上制度，將女子壓在社會最底層。

《宮中養蠶之圖》，明治21年（1888）。

新建設的製絲廠和紡織廠如雨後春筍般地出現後，追求利潤的民間企業工廠的勞動條件即變得非常惡劣。

窮人家的父母拿了準備費和預支工資，送子女到工廠；子女從進公司的次日起即開始工作，每個月的工資都會被扣掉父母於事前領走的貸款。

工廠不但沒有防止危險的設備，衛生管理及宿舍也不完備，工作環境惡劣到連明治政府當局都無法作壁上觀的程度。

根據明治三十八年（一九〇五）的政府調查結果，大部分職工都是沒有受過義務教育的未成年女工，職工招募的弊端顯著，工人和工廠老闆對立激烈。

民間企業的女工通常每天工作十二至十四小時，一個月休息兩天，如此嚴酷的勞動環境一直持續到大正五年（一九一六）實施工廠法為止。禁止錄用未滿十五歲的女子及禁止女子深夜勞動，則要等到昭和四年（一九二九）七月施行改正工廠法之後。

《女工哀史》與《啊，野麥峠》

在日本，描寫女工慘狀最有名的紀錄文學是《女工哀史》和《啊，野麥峠》。前者的作者是細井和喜藏[2]，後者的作者是山本茂實[3]。

《女工哀史》的作者細井和喜藏，生於一八九七年，歿於一九二五年，得年二十八歲；《啊，野麥峠》的作者山本茂實，生於一九一七年，歿於一九九八年，享壽八十一歲。

這兩本書的共通點是內容均為女工的悲慘生活，相異點為《女工哀史》描寫的是紡織產業女工，《啊，野麥峠》描寫的是製絲廠女工。

紡織產業是從棉花和羊毛等原料纖維製成線狀的工程，製絲廠是從蠶提取絲線的工程，兩者的工作內容完全不一樣。此外，紡織產業是為了滿足國內需求的國內產業，製絲廠則大部分針對海外出口，是賺外幣的出口產業。

比照之下，紡織產業因使用大規模的機器，危險度比製絲廠高。製絲廠的工作有次序，首

《富岡製絲廠行啟》，明治6年（1873），左：昭憲皇太后（明治天皇皇后），右：英照皇太后（明治天皇的嫡母，非生母），荒井寬方（Arai Kanpou, 1878-1945）畫。明治神宮聖德紀念繪畫館藏。

先把蠶繭放入熱水煮，再從煮了的繭取出絲線。據說，煮蠶繭時，會發出一股很難聞的氣味，而抽完絲之後的蠶蛹可以成為鯉魚餌及製藥公司的藥品原料。

與紡織產業女工相較，製絲廠女工的工作內容相當專業，具體上應該與打字員或電話接線員的專門技術職務類似。工作難度至少比百貨商店的女店員或餐廳女服務員高許多。也因此，工廠老闆若不設法留住熟練工，反倒會虧本。

《女工哀史》的作者細井和喜藏因實際在紡織工廠工作過，有關工廠的惡劣工作環境和女工們的人際關係等，均描寫得很寫實。但是，作者的「邪惡的資本主義」論調可能會令某些讀者感到厭煩。畢竟並非所有工廠老闆都是勞力剝削者，其中也有極為關照員工的經營者。

話雖如此，作者在書中也沒有單方面地譴責紡織工廠，他有補充說明，有些工廠的福利保障做得很好。《女工哀史》的主題是說明工會的必要性，以及工作在人生中的重要性。

《啊，野麥峠》的作者山本茂實沒有實際在工廠工作過的經驗，但他通過多次精心的採訪，完成這本精彩的報導文學作品。

他在書中一面描寫女工的悲慘工作環境，但

也提到用在工廠賺來的錢回老家買了田地的女工例子，以及證言到工廠工作比留在老家做農活還輕鬆的例子。只要細讀內容，可以讀出作者的本意在「女工待遇雖不好，但無法當女工的女子命運更悲慘」這點。

此外，作者的弟弟當時在片倉製絲紡織公司工作，作者應該也從弟弟口中聽來不少真實例子。而且他也沒有單方面地描寫工廠經營者全是壞人，書中還描述了比員工更早起、更勤奮的工廠老闆。

由於這兩本書都不是完全倒向「女工好可憐」的論調，反倒具有說服力，令後人可以理解當時的女工生活。

《女工哀史》和《啊，野麥峠》都算是極為出色的文學作品，亦是認識時代背景的優良教科書。最精彩的應該是兩位作者的筆調都充滿了人道主義，否則不會直至現今仍被世人視為女工經典。

電影《啊，野麥峠》則完全誇大了製絲廠女工的悲慘生活，實際上的製絲廠女工境遇並沒有那麼苦，不過，紡織產業的女工命運可能正如電影所描述那般。

現代版的「女工哀史」其實也到處可見，只是，這種事對旁人來說很難下判斷，完全看當事人的心態及生長環境而定。

最明瞭的例子就是男性的軍隊生活，有些人認為軍隊生活很悲慘，但有些人，例如美國性格巨星查理士・布朗遜（Charles Bronson），則認為軍隊裡有三餐可吃，又有乾淨的床鋪可睡，簡直是天堂。

總之，當時不僅紡織產業或製絲廠女工，其他農業、礦業、漁業等第一級產業工人的勞動環境，也都很類似。

岐阜縣飛驒的「阿信」

野麥峠[4]位於岐阜縣高山市和長野縣松本市的交界，是連結飛驒國（岐阜縣北部）及信濃國（長野縣）的鎌倉街道、江戶街道的一個山口。在飛驒山脈南部山峰的乘鞍岳和鎌峰之間，標高一六七二公尺。

往昔，有許多十三歲左右的女孩，排成隊伍，先後越過這個隘口，前往長野縣的岡谷、諏訪等工業城市的製絲廠當女工。年底返回故鄉過年時，因路途險峻，若碰上暴風雪，有些女孩甚至會在抵達老家之前便死於外鄉。

明治時代的生絲產業佔當時的政府出口總額的三分之一。現金收入較少的飛驒農家，通常都讓家裡十二、三歲的女兒與村裡的女孩集體越過野麥峠，到信州的製絲工廠當「拉絲」女工。

這些拉絲女工於年底帶回家的錢，正是飛驒農家的重要收入。當時的人習慣在年底償還一年期間欠下的債務，若沒有女兒從製絲工廠帶回來的現金，根本別想過年。

每年二月中旬，前往信州工作的古川町（飛驒市）農村女孩，先在古川的旅館住一夜，次日再於下一站的高山與來自四面八方的村莊女孩匯集。

高山的旅館前豎立著山一、山二、片倉組、小松組等岡谷的製絲工廠社名招牌和高掛的燈籠，父母只能送女兒到此為止。女兒哭泣，送別的父母也忍住眼淚與女兒惜離別。

《富岡製絲廠工女勉強（學習）之圖》，明治6年（1873），朝孝（Asataka，生歿年不詳）畫。「拉絲」女工是技術員，優秀熟練女工可以賺很多錢。

如此，幾百甚至幾千名女工排成隊列，集體一面互相鼓勵，一面越過冰天雪地的野麥峠，出發至信州。

細長的山徑很難走。

夏天是舒適的山路，山口有家名為「助人茶館」的茶館，可以讓旅客休息，之後，旅客再順著野生熊笹鬱鬱蔥蔥的山路，各自下山前往信州或飛驒。

冬天刮起暴風雪時便會奪人性命。

二月、三月的殘雪更會化為硬冰，一不小心，這些女工候補的農村女孩即會在還未當上女工之前先喪命。

明治時代初期的女孩沒有類似現代的內褲可穿，她們都在衣服底下又穿了一件貼身裙當作內褲。翻越野麥峠時，貼身裙下襬會結冰，變成玻璃碎片，割傷女孩們的大腿；縱令更換多少次草鞋，草鞋也會結冰，導致腳趾因凍傷而起水泡。好不容易才抵達投宿旅館，也無法立即縮在火堆前取暖。

當時的人常說「野麥峠的雪被染成紅色」，日後才知道是女孩們的貼身裙染料溶解在雪地裡而造成，但應該也混雜著女孩們的鮮血。

《啊，野麥峠》原著中有人證言：

我親眼看過幾百、幾千女工互相用細繩或腰帶繫著身子，一邊大聲鼓勵呵斥，一邊誦經祈禱地越過山口。其中，年紀比較大的姊姊們庇護著十二、三歲的少女走在暴風雪中的身姿，只能用「悲壯」來形容。若不是女工們一心想回家的意念堅定，用幾千隻腳把雪地踏平，否則即便再矯健的男人，也無法越過那樣的暴風雪山口。（明治十四年〔一八八一〕生）

另一方，諏訪地區因水源豐富，聚集著許多製絲工廠。工廠女工都來自周邊農村地區，而且半數以上是位於深山地區的飛驒貧窮農戶女兒，許多少女以類似賣身契約的形式被父母賣到工廠當女工，為期至少七、八年。

女工們的勞動環境苛刻，從早上五點至夜晚十點都在工作，幾乎沒有休息。工廠內悶熱，空氣中飄蕩著蠶繭的惡臭，少女們滿頭大汗地拚命拉絲，只為了養活留在家鄉的父母及兄弟和妹妹。

電影《啊，野麥峠》製作於昭和五十四年（一九七九），當時轟動了全日本。但是，電影描寫得比原著淒慘，害往昔曾當過製絲廠女工的老一輩人氣憤得很，許多人因這部電影的影響，緘口不再提及往事，甚至拒絕參加「女工同窗會」。

其實在拉絲女工輩出的飛驒地區，「拉絲」並非「可憐」的代詞。因日本女子的平均壽命佔全球第一，現代仍多少可以得到往昔曾當過拉絲女工的飛驒老人的證言。

例如生於明治三十二年（一八九九），於大正三年（一九一四）至昭和七年（一九三二）在製絲廠工作過的某女，就曾在一九九五年證言（長野縣岡谷市《岡谷蠶絲博物館紀要》）：

也許真的有類似電影《啊，野麥峠》中的例子，不過在我周圍一個也沒有。沒有人因生病還顧念著工作、工作那種悲慘例子。宿舍有各種規則，工作時間之外，可以閱讀也可以習字，熄燈時間到了就一起關燈睡覺。但是，大家都一定要學針線活，最起碼要會縫製自己的貼身裙或單層外衣。宿舍有固定的時間表，不用學針線活的夜晚就習字。身體不舒服時，工廠醫生時常來看病，健康管理得很徹底，沒有女工生病還要工作的例子。

其他證言還有：

我是十三歲時到岡谷的山共製絲廠工作，七年契約。我家四個姊姊都是女工，而且都是百圓女工，所以我也很努力工作。我父親每年都用我們賺的錢買了田地，我記得當時的田地價格好像是十畝[5]約一百日圓或一百五十日圓左右。（明治二十四年〔一八九一〕生）

＊

我從十四歲起在岡谷的大和製絲廠做了八年，當然也越過野麥峠。最初一年只能領到十日圓工資，第二年增加到二十五日圓，第三年又增加到四十五日圓，我記得我在第八年領到九十五日圓的工資。其他每年都另有一圓、二圓、三圓、五圓等獎金。（明治三十一年〔一八九八〕生）

＊

我是一年契約。女工也是各式各樣，不能說每個都很可憐。

＊

每家製絲廠都有賞花、夏祭、觀劇的娛樂活動。還有運動會。

從以上證言可以看出，最初大家都以「百圓優秀女工」為目標，時代再往後推的話，目標就變成「五百圓優秀女工」。這也證明了製絲廠女工確實是專門技術職務，熟練工可以領到高薪。

大體說來，製絲廠的女工工作內容和宿舍規則確實很嚴格，但如果成為優秀熟練工，一年可以賺五百日圓現金。換句話說，與當時的工資水準和勞動環境比較之下，製絲廠女工的條件相當優渥，否則也不可能在同一個地區一直輩出女工。

明治時代的一百圓相當於現代的兩百萬日圓，如果再和當時的物價做比較，便可得出製絲廠女工絕對不是低工資的結論。

有人甚至證言，當女工時，三餐都有白飯可吃，回故鄉嫁人後，反倒三餐都得吃混合穀物的飯。

或許事實上確實存在著「女工哀史」的一面，但是，最近的研究似乎逐漸推翻了往昔對製絲廠女工的悲慘形象，有些人賺了錢後回故鄉買田地，日子過得相當舒適。

只是，上述那些證言都是出自活到九十歲以上的女子口中，而且只限飛驒地區，真正在嚴酷勞動條件下過世的人已無法開口佐證。

我想，悲慘例子和幸福例子應該是各半，全依據工廠經營者的思想與做法而定。不過，飛驒地區的「阿信」們確實不悲慘。《啊，野麥峠》原著中也說明：

惡劣的三餐、長時間勞動、低工資是女工哀史的定論，不過，與飛驒有關的女工，沒有人回答三餐吃得不好或工資低。在長時間勞動項目中，也僅有百分之三回答做得很辛苦，其他大部分人都答說「比留在家做家務還輕鬆」。這也難怪，如果留在家裡，必須做更長時間的重勞動才能有飯可吃。

根據紀錄，飛驒地區的舊山田村（神岡町）三百戶中，有五百六十名女子出去當女工，大致是一家兩三人。國府村於明治四十三年（一九一〇）的紀錄則為四百五十八名。一個村落便有這麼多人，整個飛驒地區的女工數量應該更驚人，可惜其他村落沒有留下當時的紀錄。

1 原富太郎（Hara Tomitarou, 1868-1939）。
2 細井和喜藏（Hosoi Wakizou, 1897-1925）。
3 山本茂實（Yamamoto Shigemi, 1917-1998）。
4 野麥峠（Nomugi Touge）。
5 一畝相當於三十坪，一千平方公尺。

PART 2
食、衣、住、行與娛樂

PART2——食、衣、住、行與娛樂

「文明開化」之味

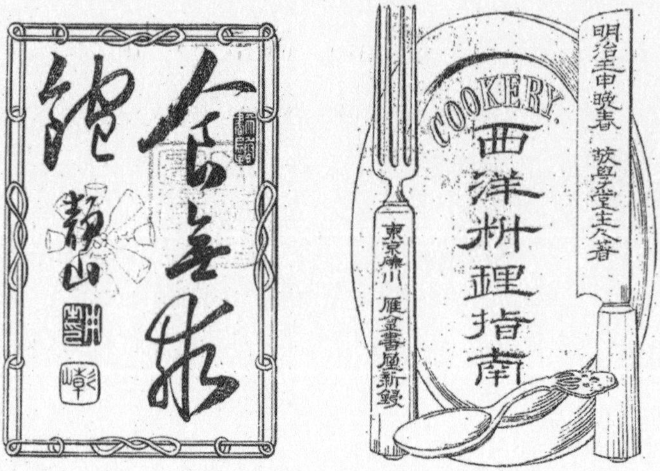

明治5年（1872）出版的《西洋料理指南》。

明治、大正人的餐桌

所謂「文明開化」，就是擺脫江戶時代的中國文化影響，引進西洋文化。因此，時代一跨進明治，仿效西方做法的人便增多。各式各樣的文化和物品一股腦兒地湧進日本，民眾的生活樣式逐漸西化，但是，飲食習慣是否也西化了呢？

根據《東京府統計書》，明治二〇年代至三〇年代，獸肉舖、牛奶舖、麵包店的數量確實有增，證明了西方飲食已經在東京扎根。在副食方面，除了固有的魚類、貝類、蔬菜類、豆腐製品，也流行過雞肉、牛肉、豬肉、馬肉。

此外，上流階級對西餐的憧憬極為強烈，東京的精養軒[1]、萬國亭[2]、三河屋[3]等西洋飯店和西餐廳均賓客如雲。據說東京神田的三河屋是西餐廳鼻祖，店招牌的旗子和廣告單都寫著羅馬字的「Mikawaya」，在當時很有名。

現代日本人熟悉的咖哩製法也很早就收錄於《西洋料理指南》[4]：

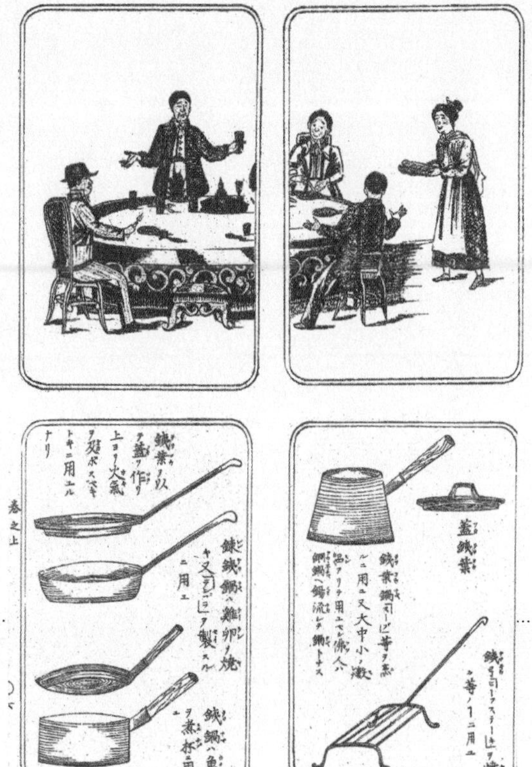

《西洋料理指南》的內頁。

咖哩的做法，蔥一根，生薑半個，韭菜少量切細，以一大湯匙黃油煎，加一合五勺水，再加雞、蝦、鯛魚、牡蠣、紅青蛙等煮熟，之後加一小匙咖哩粉，煮西洋時間一小時，全部煮熟後，再加鹽，另外用水調雨匙子麵粉放進去。

明治十九年（一八八六）甚至組成「婦人飲食會」，名流夫人和女兒每月三次聚集在東京築地的精養軒享受西餐。

但是，一般庶民的三餐仍是很簡樸的和食。根據《東京風俗志》[5]，主食是白米飯，副食則為「早上是味噌湯，中午是魚，晚上是紅燒菜和湯」。也就是說，一飯、一菜、一湯，頂多再有一碟醬菜而已。

即便跨進大正時代，庶民的三餐內容也沒有什麼變化。《近代日本食文化年表》[6]收錄了一篇大正十四年（一九二五）東京市深川靈岸小學兒童副食調查，早上是味噌湯和醬菜，中午除了蔬菜以外，另有豆、醬菜等，晚上是魚、蔬菜、醬菜、紅燒菜，幾乎完全沒有其他副食。

此外，回答的三百二十名兒童中，僅有五名答說副食吃了雞蛋。至於肉類，包括牛肉和馬肉，僅有一名答說在中午吃過，早上和晚上完全沒有。

又根據《朝野新聞》，明治時代吃肉食的人僅限一小部分，商家學徒和女傭都是味噌湯和醬菜而已，偶爾可以吃到紅燒鮪魚、豆腐、鹽烤秋刀魚。

到了大正中期，東京下町庶民的三餐也仍未西化，要等到昭和時代以後，一般家庭的飲食才會加速西化。

牛肉鍋與肉食PR運動

江戶時代，幕府屢次發出肉食禁令，一般人可以說終生從未吃過牛肉。不過，彥根藩（滋賀縣）例外，因為每年都要納獻用牛皮製成的戰鼓，所以是幕府唯一允許屠宰牛的藩國。當地人習慣將製皮剩下的牛肉用味噌醃漬或製成肉乾。

幕末時期，幕府的禁令似乎也逐漸失效。福澤諭吉在《福翁自傳》中寫道：

明治29年的牛肉店廣告單。

我在大坂[7]緒方洪庵[8]的適塾學習蘭學（西洋醫學）時（安政四年，一八五七年），經常去雞肉舖。比那裡更方便的是牛肉舖，大坂有兩家可以吃到牛肉鍋的店舖。

明治維新後，牛肉被視為「文明的口味」，牛肉鍋走紅，成為流行美食之一。東京的牛肉鍋做法是用味噌或醬油煮牛肉和蔥或其他蔬菜，大阪則先烤或炒牛肉，之後加上蔬菜，再用醬油煮。大阪的牛肉鍋即現代壽喜燒的始祖。

現代人往往誤會肉食是明治時代的新飲食習慣，其實在江戶時代後期，鹿肉和野豬肉就已經相當流行。只是，江戶時代末期的肉食，通常被當作補藥或藥膳之一。

一般人仍認為應該忌避肉食，說什麼在家裡吃的話，家人會遭遇不幸，也有吃肉會患上惡瘡和中風的說法。當時的庶民三餐仍以白飯、蔬菜、魚類為主，何況牛是用來耕田的，人們根本不會想到去吃牛肉。

但是，一心策劃近代化的明治政府則想盡辦法也要讓民眾積極吃牛肉。政府為了避免西方國家將日本殖民地化，除了吸收不輸給外國的知識，發展經濟外，更認為必須改善日本人的體格。而為了改善體格，應該盡早讓民眾習慣吃肉。

為此，明治天皇於明治五年（一八七二）的宮中晚餐會，主動吃了西餐，大力宣傳肉食。除此以外，也在宮中養乳牛、喝牛奶，宣講牛奶的效用，可說用心良苦。知識分子也呼應此舉，鼓勵民眾吃肉。福澤諭吉正是其中一人。

可是，就算國家總動員地呼籲老百姓定要吃肉，老百姓也不可能說吃就吃。

連曾在橫濱異人館學過西餐做法，擅長處理牛肉，最初開牛肉鍋餐館的老闆，據說開張當初根本沒有客人上門。偶爾有客人前來，也都是一些愛吃奇特食物的人，大家都是來吃個經驗，以便回去向人吹噓。

後來因荷蘭醫學的營養士大力推薦飲用牛奶和肉食，民眾對肉食的忌避習慣才逐漸淡化。之後的文明開化潮流更一口氣將肉食習慣推至頂峰。

牛肉鍋流行之後，連江戶時代偷偷賣野豬肉或野鳥肉的舖子也都光明正大地掛上牛肉鍋招牌。當時的流行語正是「不吃牛肉鍋，便是不開化傢伙」。

如此，牛肉鍋餐館逐漸在各大城市盛行，形成文明開化的象徵，當時別稱「開化鍋」。

吃牛肉的習慣扎根後，明治二十年（一八八七）左右，東京淺草出現了賣馬肉的店舖。馬肉味道雖然比不過牛肉，但價格便宜，低收入者也吃得起，相當有人氣。翌年，馬肉餐館也開張了，之後逐漸增加。基於馬肉的顏色，馬肉別稱「櫻肉」，現代也延續此稱呼。

比起牛肉鍋餐館，馬肉餐館看上去很破舊，但菜單有普通鍋、裡脊肉鍋等，生意很好。

牛肉鍋餐館通常在招牌上用紅字，馬肉餐館用黑字，以便區別。只是，能掛起招牌的馬肉餐館非常少，大部分都在人力車聚集的地方開家小店。也因此，往往成為惡棍聚集的場所。

牛奶與舊士族

安政三年（一八五六）七月，以美國總領事身分來日本的湯森・哈里斯[9]，向擔任橫須賀浦賀港警備、船舶、貨物的下田奉行所提出供應牛奶的要求。下田奉行所答道：「日本沒有喝牛奶的習慣，我們養牛是為了農耕以及搬運，沒有擠牠們的牛奶。母牛只在小牛出生時才有牛奶，牛奶是給小牛喝的，所以我們無法提供牛奶。」

換句話說，下田奉行所的官員根本不知道這世上有乳牛這種動物。

翌年，到北海道函館任職的美國貿易事務官，獲得奉行所的許可，養了一頭乳牛，並教導日本人如何擠奶。此外，文久三年（一八六三），向荷蘭人學習擠奶法的前田留吉[10]，在橫濱設立日本第一家牛奶擠奶所，開始銷售牛奶。不過，這時的牛奶是純粹的生牛奶，沒有做任何殺菌處理。

前田留吉於明治七年（一八七四）又前往美國視察牛奶業界，三年後在東京神田飼養洋牛，並開了一家牛奶店。

牛奶在江戶時代是只限德川家飲用的特別飲料，庶民幾乎沒有機會喝到。

因為第八代將軍德川吉宗[11]對馬術有興趣，而醫療馬時需要牛奶和黃油，所以進口了三頭雌雄白牛，並在千葉縣的嶺岡牧場嘗試放牧、繁殖。而且還用牛奶製作牛酪當補藥。德川吉宗算是日本奶酪畜牧業的始祖。

寬政四年（一七九二），第十一代將軍德川家齊[12]的時候，嶺岡牧場的白牛增至七十頭，其中一部分移到江戶，開始製造牛酪。德川家齊還讓醫生寫了一卷《白牛酪考》，讓一般庶民也明白牛酪的藥效。這個時代，將軍家和大名均視白牛酪為治療肺結核的靈藥。

明治時代准許乳牛進口後，各地出現了牧牛業。明治三年的報紙上即有牛奶宣傳廣告。

明治六年（一八七三），東京府公布「牛奶榨取人規則」，警視廳又於十一年發布「牛奶營業管理規則」，規定需用錫罐配送牛奶。明治十五年（一八八二）十月，農商務省管轄的千葉縣種畜牧場，成功製作出在牛奶裡加糖的煉奶，牛奶消費量便隨之增加。

最初，牛奶專門賣給住在居留地的外國人，之後才成為病人以及身體虛弱者的滋養強壯飲料，也被一些擠不出奶汁的母親當作母乳代用品。

只是，那時候牛奶很容易腐壞，口碑不好。這是因為當時的牛棚和擠奶工廠沒有做好衛生管理。後來在政府的指導下，徹底進行衛生管理，明治中期又從美國引進蒸氣殺菌技術，稱為「殺菌牛奶」上市。

「殺菌牛奶」大受歡迎，沒有殺菌的牛奶逐

漸消失，特別是裝在玻璃瓶的殺菌牛奶成為時尚飲料，廣博大眾好評。

當時，經營擠奶行業和銷售牛奶的人，以舊士族階層居多。由於牛奶還未普及，沒有人知道擠奶行業和販賣牛奶到底能不能賺錢，農民和商人均敬而遠之。

此外，對農民來說，牛相當於家族成員，農民認為，擠奶等於從牛身上搶奶，太可憐，下不了手。因此，這些行業就由本來只會讀書、舞劍的失業舊武士階層來擔當。

在價格上，白米一升[13]約十錢，牛奶一合[14]四錢，對庶民來說，確實是昂貴的飲料。雖然政府鼓勵民眾當作營養食品喝，但應該並非任何人都可以隨意飲用。

這時，舊士族想出牛奶送到家制度。擠奶行業和銷售公司聯手，每天早晨送剛擠出的鮮牛奶到家庭。而且，簽訂一個月以上或一天四合以上契約的家庭，有折扣制

《東京小網町鎧橋通吾妻亭》，明治21年（1888），井上探景（Inoue Tankei, 1864-1889）畫。牛奶等西洋飲食，在當時被視為文明開化的象徵，

度。如此，再請名人代為宣傳，牛奶的效用才逐漸滲透至民間。

明治三〇年代，各地出現了牛奶廳，對牛奶的普及發揮了很大作用。現代的日本咖啡廳菜單通常有牛奶和蛋糕，正是明治時代牛奶廳留下的痕跡。

現代日本學校都有營養午餐，而營養午餐也一定有牛奶，歸根究柢，其實也是託文明開化之福而普及的飲料。

紅豆麵包，一天賣出十萬個

麵包給人一種文明開化以後才傳入日本的印象，實際上，早在江戶時代便已經存在。只是，麵包不合日本人的口味，因此沒有普及。讓討厭麵包的日本人變成麵包迷的最大功臣，是木村屋創業者木村安兵衛[15]。

明治七年（一八七四），安兵衛推出一個五厘的紅豆麵包，非常有人氣，一天可以賣出一萬五千個。據說在明治末期，店面每天都賣出十萬個。

紅豆麵包之所以暢銷，祕訣在於安兵衛的巧思。他認為，日本人的主食既然是米飯，如果把麵包當「主食」賣，日本人一定無法接受。於是，他想到若把麵包當茶點，日本人肯定願意掏腰包。

安兵衛的兒子與另一位麵包師傅絞盡腦汁成功製作出使用酒種的麵包。當時的麵包酵母主

木村屋的紅豆麵包。

要使用釀造啤酒的啤酒花種，但啤酒花種在日本很難到手，日本人也不習慣這樣的風味。

安兵衛便想到使用酒種製作麵包，並在麵包內放入豆沙餡。簡單說來，就是把西洋麵包改頭換面為和式點心的和菓子。

木村屋成功製作出酒種麵包後，還在麵包中央凹處放上炒芝麻、罌粟籽、鹽醃櫻花。此裝飾對明治人非常有效，讓西洋人的主食麵包一口氣成為日本人的飯後茶點。

翌年四月，明治天皇到東京向島賞花行幸，山岡鐵舟[16]進獻了點綴鹽醃櫻花的紅豆麵包，天皇和皇后大喜，此後，木村屋便成為宮內省的御用麵包商。

山岡鐵舟當時任天皇侍從，和安兵衛是劍術同志關係，且和安兵衛的小舅子是同門。不過，他向天皇進獻紅豆麵包的主要原因，在於他本身是美食家，非常喜歡紅豆麵包，經常到木村屋吃這個新式茶點。

通過這些背景，麵包才逐漸出現在日本人的飯桌上。

吃ABC形的餅乾學英語

蛋糕和其他眾多西洋文化在一五四三年葡萄牙人登陸時傳入日本。之後數十年，麵包、餅乾、金平糖（星星糖）、卡斯提拉（長崎蛋糕）等也陸續傳入日本。但是，日本進入鎖國時代，只允許荷蘭、中國文化進口，因此「南蠻點心」雖然早已普及，西方點心卻要等到幕末時期。

餅乾的英文「biscuit」一字來自法文的「biscuit」，而法文又取自拉丁文的「biscoctus panis」，意味烤兩次的硬麵包。大部分以麵粉為主要材料，再攙和牛奶、起酥油、黃油、砂糖等，烤成鬆脆的口感。根據不同的副原料組合，可以做出各式各樣的餅乾。

在日本，餅乾分為「biscuit」和「cookie」，其實意義一樣。只是，日本點心業界規定糖分和油分多一些、手工風格的餅乾可以稱為「cookie」，因此市面上有兩種稱呼。外國則沒有這種區別，英國人統稱「biscuit」，美國人則統稱為「cookie」。

餅乾最初是士兵的糧食，士兵在戰場不能煮飯，政府遂採用耐存且當場可以吃的餅乾當作軍隊乾糧。

明治十年（一八七七）西南戰爭爆發時，日本陸軍向西點店的風月堂和麵包店的木村屋訂購了餅乾。之後，每逢戰爭，軍隊都會訂購餅乾，餅乾需求量逐漸增大，餅乾行業也不斷發展。據說，當時做的軍糧餅乾是黑芝麻餅乾。

此外，通過與外國之間的貿易，砂糖比之前更廉價，比較容易製作西點，這也是餅乾普及的背景之一。

西式點心中最有人氣的雖然是餅乾，但餅乾令大眾垂青的理由不在其味道，而在做成ＡＢＣ等英文字母的形狀。

明治時代有不少青年和年輕女性受西方文化影響，想學英文，甚至形成一股英語熱潮。英文字母形狀的餅乾不但可以成為記住英語的手段，而且美味，對當時的庶民來說，算是最切身的文明開化象徵之一。

據說，包裝英文字母餅乾時，二十六個字母中，有時會少掉一個。結果，為了想傳達自己的心意開始排列餅乾後，才發現因脫落了重要文字而弄巧成拙。萬一有人想利用英文字母餅乾排列「I LOVE YOU」，又萬一千不該萬不該恰恰脫落了「I」，這筆帳到底要找誰算呢？

現代日本也有英文字母餅乾，百圓商店買得到。

啤酒與啤酒館

嘉永七年（一八五四），馬修・培里[17]第二次率領美國東印度艦隊來日本時，帶來了啤酒獻給幕府。這時負責招待的洋學者川本幸民[18]已經在自家進行釀造啤酒的實驗。川本幸民是

明治29年（1896）的風月堂廣告單。

第一位挑戰啤酒釀造的日本人。

當時也進口英國啤酒，不過，供應對象是外國人。喝過啤酒的日本人都說啤酒的味道很臭，臭得像人糞，根本不是人喝的東西。

住在橫濱居留地的外國人則直接從祖國進口啤酒，不用擔心喝不到啤酒。其中有一位挪威裔美國人，於明治三年（一八七〇）在橫濱天沼建設了啤酒工廠，銷售對象是住在居留地的外國人和日本上流階級。橫濱居留地附近有乾淨的泉水，據說那水正適合製造啤酒。

這家啤酒工廠算是日本啤酒產業的先驅，生意很好，好得甚至出口至中國上海。後來景氣變壞，明治十八年（一八八五）讓渡給其他公司，正是麒麟啤酒公司的前身。現在該地成為「麒麟園」公園，公園內豎立著啤酒發祥地石碑。

明治二十年（一八八七），大倉喜八郎[19]和澀澤榮一[20]等人利用於前一年收購的開拓使麥酒釀造所設施，設立了札幌麥酒株式會社，正是現在的札幌啤酒公司。

隨著日本國產啤酒產量增高，啤酒成為日本國內最容易入手的洋酒。也因此，在國際性儀式的宴會以及餐飲席上，供應啤酒的機會也跟著增多。

但是，對庶民來說，則要等到啤酒館出現之後，啤酒才升級為大眾飲料。

啤酒普及於一般民眾的最大功臣，應該是札幌啤酒公司於明治三十二年（一八九九）在東京新橋開張的「惠比壽啤酒館」。

明治三十二年八月二十六日的《報知新聞》報導：

> 最近，新橋出現了一家用杯子賣惠比壽啤酒的新奇店家，生意非常好，座無虛席，有人甚至特地從遠方乘馬車來。一日平均八百位客人，銷售額約一百二十圓至一百三十圓。

這個「用杯子賣啤酒」的店家正是啤酒館。

明治40年（1907）增建後的北海道開拓使麥酒釀造所設施。

明治20年（1887）時的啤酒。

價格是半升（大啤酒杯一杯）十錢，四分之一升（小啤酒杯）五錢。當時，一瓶檸檬汽水約三錢至四錢。

九月四日的《中央新聞》則以民權運動鬥士的口吻報導：

> 這裡是四民平等的另一個世界，看不出到底是富人或窮人，也看不出身分的貴賤。車夫和紳士相對，工人和上流階級商人並排，大禮服和軍服緊鄰，大家都是同樣在喝啤酒的客人。其他什麼都不是。

鑑於新橋「惠比壽啤酒館」的成功，翌年，札幌啤酒公司又在東京京橋開了一家啤酒館。明治三十六年則在位於目黑的公司用地內，開了一家附設遊戲場的啤酒館。遊戲場可以玩撞球也可以打網球，讓客人出汗後狠狠地大喝特喝。

之後，各地也跟著陸續開張啤酒館。順便說

一下，當時的啤酒下酒菜是蘿蔔和甘甜帶鹹的佃煮。

葡萄酒與吸血鬼

第一位帶葡萄酒進日本的人，是天文十九年（一五五〇）為了傳教來日本的天主教傳教士聖方濟・沙勿略[21]。沙勿略獻給戰國大名大內義隆[22]的禮物中，正包括了葡萄酒。史料留有豐臣秀吉[23]也喝了葡萄酒的記載。

明治時代，葡萄產地的山梨縣開始釀造國產葡萄酒之後，日本人才真正喝起葡萄酒。

明治四年（一八七一），就任山梨縣縣令（縣知事）的藤村紫朗[24]，為了推進葡萄栽培和葡萄釀酒產業，在甲府城內建造了葡萄酒釀造所，進行研究。同時鼓動縣內的有力者，設立了大日本山梨葡萄酒公司。

明治十年（一八七七），公司讓兩名職員前往法國留學兩年，學習葡萄栽培和葡萄酒製法。除了葡萄酒，兩人也學會啤酒和香檳酒製法。回國後即購買釀造器具，建造儲藏地下室等，開始製作葡萄酒。這正是聞名的勝沼葡萄酒的開端。

不過，由於釀造和儲存技術有問題，流通市場出現了不良品，為此，該公司在明治十九年（一八八六）解散。之後，山梨縣勝沼一直承繼著第一任縣知事的初衷，展開各式各樣的葡萄酒釀造事業。

如此，一方面以山梨縣為中心開始釀造國產葡萄酒，另一方面也出現了將進口葡萄酒改良為合日本人口味的甜葡萄酒的人。

這人名為神谷傳兵衛[25]，他判斷老是仰賴關稅昂貴的進口葡萄酒，事業肯定沒有前途，於是讓繼子前往法國學習葡萄酒製法。

繼子回國後，在茨城縣牛久建造工廠，致力於國產葡萄酒釀造。也因此，直至今日，茨城縣牛久與山梨縣勝沼，依舊是日本國內的葡萄酒釀造中心。

近年來，因紅葡萄酒含有豐富的多酚類物質，對身體有益，各種媒體經常拿紅葡萄酒當熱門話題炒作。其實對明治人來說，紅葡萄酒也是健康飲料之一，只是當時與現代不同，是擱在藥房賣給病人喝的補劑。

雖然葡萄酒與啤酒一樣在明治初期開始普及，不過，啤酒在大型工廠大量生產，葡萄酒則被當作藥劑，最初只能靠手工業勉強維持。

畢竟當時的葡萄酒需求不多。而且葡萄酒的顏色會讓人聯想到鮮血，令明治時代的日本人敬而遠之，不太敢喝。除非不得不喝，否則沒有人主動帶頭喝。

另一點是啤酒的原料大麥比較容易栽培，而葡萄很難栽培，無法大量生產。

日本國內開始生產葡萄酒後，民間依舊流傳著「葡萄酒是用走獸鮮血作成的飲料，外國人

大正11年（1922）的甜紅酒海報。據說是日本首次的裸體海報，雖然只是露肩而已。日後於德國的世界海報展覽獲得第一名。

打算讓日本人變成吸血鬼，才故意製作葡萄酒」之類的無稽之談。

一般民眾開始無所顧忌地喝葡萄酒，是明治二〇年代之後的事。

1 精養軒（Seiyouken），創立於明治五年（一八七二）。目前仍存在。

2 萬國亭（Bankokutei），創立於明治八年（一八七五）。目前已經不存在。

3 三河屋（Mikawaya），創立於慶應三年（一八六七）。目前已經不存在。

4 《西洋料理指南》，明治五年（一八七二）出版，作者是「敬學堂主人」，分上、下兩冊。

5 《東京風俗志》出版於明治三十二～三十五年，作者平出鏗二郎（Hirade Koujirou, 1869-1911），國文學者、歷史家。

6 《近代日本食文化年表》，一九九七年出版，作者小菅桂子（Kosuge Keiko, 1933-2005）。

7 大阪原寫做「大坂」，於明治四年（一八七一）自「坂」改為「阪」。

8 緒方洪庵（Ogata Kouan, 1810-1863）。醫生、蘭學家。因開辦教授西方醫學知識的「適塾」而著名，「適塾」正是日後的大阪大學。

9 湯森・哈里斯（Townsend Harris, 1804-1878）。紐約商人，美國首任駐日公使。

10 前田留吉（Maeda Tomekichi, 1840-?）。幕末、明治時代的實業家。

11 德川吉宗（Tokugawa Yoshimune, 1684-1751）。

12 德川家齊（Tokugawa Ienari, 1787-1837）。

13 一・八公升。

14 約一八〇毫升。

15 木村安兵衛（Kimura Yasubei, 1817-1889）。日本武士、實業家、木村屋總本店創業者。

16 山岡鐵舟（Yamaoka Tessyu, 1836-1888）。東京人。幕末時代是幕府幕臣，維新後成為政治家、思想家。一刀正傳無刀流創始者。子爵爵位。

17 馬修・培里（Matthew Calbraith Perry, 1794-1858）。

18 川本幸民（Kawamoto Koumin, 1810-1871）。幕末、維新期的洋學者，日本化學之祖。除了啤酒，還試製了白砂糖、火柴、銀版攝影法。對日本科學的發展貢獻很大。

19 大倉喜八郎（Ookura Kihachirou, 1837-1928）。實業家，日本十五大財閥之一的大倉財閥創辦人。

20 澀澤榮一（Shibusawa Eiichi, 1840-1931）。幕臣、官僚、實業家。日本資本主義之父。

21 聖方濟・沙勿略（San Francisco Javier, 1506-1552）。西班牙籍天主教傳教士，耶穌會創始人之一，天主教會稱之為「歷史上最偉大的傳教士」。

22 大內義隆（Oouchi Yoshitaka, 1507-1551）。日本戰國時期的大名。

23 豐臣秀吉（Toyotomi Hideyoshi, 1537-1598）。統一日本的戰國時代大名。

24 藤村紫朗（Hujimura Shirou, 1845-1908）。山梨縣第一任縣知事，貴族院議員。男爵爵位。

25 神谷傳兵衛（Kamiya Denbee, 1856-1922）。實業家，茨城縣牛久葡萄酒釀造廠創設者。

PART2——食、衣、住、行與娛樂

西風東漸下的裝束改變

西服與洋裝

江戶時代末期，西方文化接二連三傳入日本，西服當然也跟著進來。

織田信長時代，日本人稱外國人的服飾為「南蠻服」，而江戶時代的人則稱荷蘭人穿的衣服為「紅毛服」，兩者皆與明治時代的「西服」截然不同。

開國後，江戶幕府為了讓軍隊近代化，在外國人的指導下，進行了西式軍事訓練。這時，士兵們穿的軍服正是日本西服的開端。不過，當時只允許士兵們在接受軍事訓練時穿，不准在平日穿用。一般市民當然更不能隨便穿。

年號改為明治之後，政府官員、軍人、警察、郵差等人的制服首先換成西服。

明治四年（一八七一）五月的《新聞雜誌》二號，列舉出當時的服飾種類，不但有傳統日式禮服，也有江戶時代武士階級穿的正式禮服，另有軍服、江戶時代庶民穿的禮服等，總計十八種。同年八月，制服解禁，西服也開始普及於民間。

西服店於明治六年（一八七三）相繼開張後，「和洋折衷」的男子服飾即風起雲湧，奇形怪狀的打扮到處可見。

例如頭戴德國普魯士帽子，腳穿法國鞋子，上半身是英國海軍服裝，下半身則為美國陸軍禮服……街頭宛如國際服裝展覽會。

無論古今中外，每逢時代變遷，舊時代和新時代的風俗會混雜一起，之後逐漸淘汰掉舊時代的物事。也因此，明治時代初期的街頭，穿著英式禮服的摩登男士和穿著傳統和服、束著武士頭的男士走在一起的例子，比比皆是。

到了明治時代中期，連地方城市也出現了安裝鐘塔的西服店，可見這時的西服已經在民間扎根。

另有一種被當作雨具、寒具的男性斗篷及披風更流行。明治三〇年代時，連地方城市和農村也屢見不鮮。

如此，由政府率先示範的男士西服，普及速度相當快。

但是，社會對女性仍有種種制約，女性依然被舊習俗牢牢套住，洋裝極為罕見，不似西服那般普遍，連京都和東京、長崎的藝妓穿起洋裝時，都足以成為報紙的頭條新聞。

明治五年（一八七二）一月的《日安新聞》第三號就有一則新聞報導，描述一名十四歲藝妓把長髮梳成中國式，穿洋裝出現在酒席陪酒，很受酒客歡迎。

報導標題寫著「荒謬的好事者」。可見當時的記者仍無法接受藝妓穿洋裝的新觀念，而且社會風氣仍不允許女子穿洋裝。若是現代，一

《舶來仕立圖》（西服裁縫圖），明治12年（1879），細木年一（Hosoki Toshikazu，生歿年不詳）畫。除了踏裁縫機的人坐在椅子上，其他裁縫師都身穿和服，按照日本傳統方式坐在地板上縫製西服。

個十四歲女孩即便穿得怪裡怪氣，大概也不足為奇。

女性的洋裝大抵從上流社會開始。鹿鳴館的社交舞會規定女性一定要穿洋裝，有資格參加舞會的華族女性都穿戴西式晚禮服，與諸外國的外交官跳舞。

然而，即便是華族女性，也從未學過西洋式的寒暄問候客套話，何況西式晚禮服根本不適合當時的日本女子體型。早期的華族女性通常在外國人洋貨店訂製晚禮服，不然就是直接購買進口貨，當然不合日本女子的體型。於是逐漸出現「女服裁縫所」，專門為日本女子測量尺寸，縫製適合各人體型的晚禮服和洋裝。

民間女子雖然不能穿洋裝，但還是有人帶頭造反。

造反者是當時的女學生，她們在傳統和服上又配了一件前後兩片式的下裳褶裙「袴」，腳上穿的是西式鞋子。女學生算是走在時代尖端的時尚模特。

以東京御茶水女子師範學校為首，各地的女子師範學校女學生也跟著流行起來，不但在和服寬腰帶上配上一件男子穿用的「袴」，甚至還捲起和服衣袖，手中提著洋書在街上闊步。

當時還未出現任何時尚雜誌，這些在女子師範學校接受高等教育的女學生便成為流行服飾的摩登代表。

明治時代的女學生。龜井至一（Kamei Shiichi, 1843-1905）畫。東京國立博物館藏。

報紙雜誌欲阻止此潮流，不約而同地大肆批評：

女學生穿男子服裝成何體統？現代的女學生已經偏離研究學問的本意，走向虛榮之途。

總的說來，明治時代前後有兩次西服、洋裝高潮。第一次是明治元年，政府要人及知識分子認為穿西服等於文明開化。明治五年（一八七二）十一月，政府廢除以往的和服禮服，採用西服為公式禮服，一部分男性率先順應潮流，穿起西服。

其次是在歐化政策下出現的鹿鳴館時代，以上流階層女性為中心，盛行穿洋裝。

明治十九年（一八八六），率先穿洋裝的皇后甚至指示上流階層婦女出席儀式時應當穿洋裝，並於翌年一月，破例發出詔書。詔書內容提及「西洋女性的服裝具有本朝舊有的『衣』與『裳』，不但適合女性站著行禮，動作、步行都很方便，我們理應仿效其縫紉製法」，呼籲一般女性進行服裝改良。

然而，當時所謂的女性「洋裝」，並非我們現代人穿的洋裝，而是貴族階級流行的高價晚禮服，結果洋裝成為社交界的裝飾品，最需要普及洋裝的一般女性反倒敬而遠之。

之後，隨著「歐化熱」的冷卻，洋裝價值一

《真美人十四》，明治30年（1897）的女學生，楊洲周延（Yō shū Chikanobu, 1838-1912）畫。

落千丈，眾人重新評估傳統和服，頌揚穿和服的女性。洋裝必須等到下一個大正時代才能真正普及。

斬髮與束髮

在日本，不知自何時起，女性的長髮被認為是美女條件之一。平安時代的女性僅是將長髮垂在背後，鎌倉時代之後則演變為盤結於頭頂或顱後的髮髻。江戶時代初期，女性的髮髻種類不及十種，但到了幕末時期及明治初期，女性的髮髻種類竟多達二百七十多種，實在令人驚訝。

日本女性的髮型有各式各樣的種類，而且具有隨著年齡增長改變挽束形狀的獨特文化。譬如，少女時挽成「稚兒髻」，十五歲左右改為「桃割髻」，結婚前是「島田髻」、「銀杏返」，結婚後就變成「圓髻」。換句話說，只要看女子髮型，便可以猜出對方的年齡和已婚或未婚身分。

無論哪一種髮型，均為長髮，有時還要加上局部假髮髻，再抹上髮油挽束，過程繁雜且極不衛生。況且用髮油固定髮髻時很費時間，請人做一次頭髮後，又不能經常洗頭，對女性來說非常不方便。

因此，新政府於明治四年（一八七一）發布「斷髮令」時，女性也陸續仿效，大大流行起

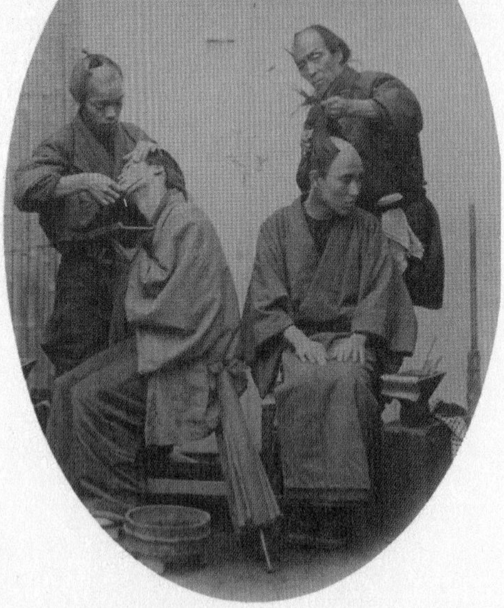

幕末時期的理髮師，嘉永3年（1850），英國攝影師 Felice Beato（1832-1909）拍攝。

來，導致政府又不得不公布「女子斷髮禁止令」。

所謂「斷髮令」，並非規定每名男子都一定要剪掉丁髷，而是可以自由選擇。可是，腦袋上頂著一根丁髷是當時日本男性的尊嚴，敵視斷髮的人相當多。

那時候，街頭巷尾還流行著一首俳諧和歌：

> 拍打半髮頭，會發出因循守舊的聲音。
> 拍打總髮頭，會發出王政復古的聲音。
> 拍打斷髮頭，會發出文明開化的聲音。

「半髮頭」是留著傳統丁髷髮型的男性，「總髮頭」是沒有剃掉前額側至頭頂部頭髮的無業武士浪人頭，「斷髮頭」是短髮。這首俳諧和歌顯示當時街上各色各樣的男子髮型。

與此同時，華族、士族也可以自由選擇佩刀與否，但官僚穿禮服時必須佩刀。政府深知丁髷和武士刀是士族的自尊，所以婉轉地訴說「大家可以自由剪掉丁髷，也可以自由不佩帶武士刀」。

既然男子可以剪掉丁髷，那麼，女性是否也可以廢棄表示已婚的染黑牙齒和表示膝下有孩子的剔掉眉毛等舊弊呢？有關這點，政府要人之間也議論紛紛，莫衷一是。

於是，出現了索性剪掉長髮的女子。結果，博得惡評。新政府只得於翌年禁止女性剪髮，可見當局也不知該如何對應女子的剪髮問題。

明治五年（一八七二）三月的《新聞雜誌》嚴厲批評：

> 西洋也沒有女性剪掉頭髮的例子，實在很難看。希望女性不要弄錯剪髮的自由之意而失去女性的本分。

明治六年（一八七三）三月，明治天皇以身作則剪掉髮髻，世間流傳著一種男性剪髮是義務的氛圍，剪頭髮的男性增加。如此，人人在日常生活中稱頌歐化主義，知識分子大肆呼籲生活改良，唯獨女性的髮型瞠乎其後。

鹿鳴館蓋好後，政府要人與上流階級每天夜晚舉行舞會招待外國人，這才發現日本傳統女子髮型與西洋晚禮服不相配。於是，明治十八年（一八八五）七月，為了摒棄用髮油凝固髮型的日本傳統女子髮髻，讓新式髮型的「束髮」流行起來，有人設立了「大日本婦女束髮會」。

「束髮」是日本女子髮型和西洋女子髮型的折中風格。簡單說來，就是將西洋女子髮型改良為日本式，把整體頭髮分成幾個部分，各個部分挽束起來所完成的髮型。依據各個部分的挽束位置，各有各的名稱。

雖然日本傳統髮髻也是一種「束髮」，但婦女束髮會提倡的是不需要在頭髮內另放東西使之鼓起的樣式。

日本髮型必須請人來結紮，不但費事亦費錢，又無法每天洗髮，非常不衛生。這個新式「束髮」不像日本髮型那般鼓脹，可以自己結紮，而且紮法簡單。

倡導者是醫生和新聞記者，兩人都是男性。

在這之前，日本民間女子已經有人開始在梳這種髮型，況且之前也有跟隨男子的「斷髮令」剪掉長髮的例子，所以此束髮普及運動正合時宜。

該組織還開了講習會，鼓吹束髮的便利性，受到多數女性的支持，讓束髮流行起來。此外，還發行了兩組三張成套的「大日本婦女束髮圖解」彩色浮世繪，具體介紹四種束髮髮型。

束髮中最具代表性的髮型是「英國捲」和「晚會捲」。「英國捲」是在頭部中央分成左右兩束，紮成辮子，再將辮子挽成髮髻；「晚會捲」則是將左右兩束頭髮各自挽至頭頂，再紮成髮髻，適合出席晚會。

與日本髮型相似的束髮風格，很快便被女性接受，最管用的是只要幾根髮夾，自己在家也

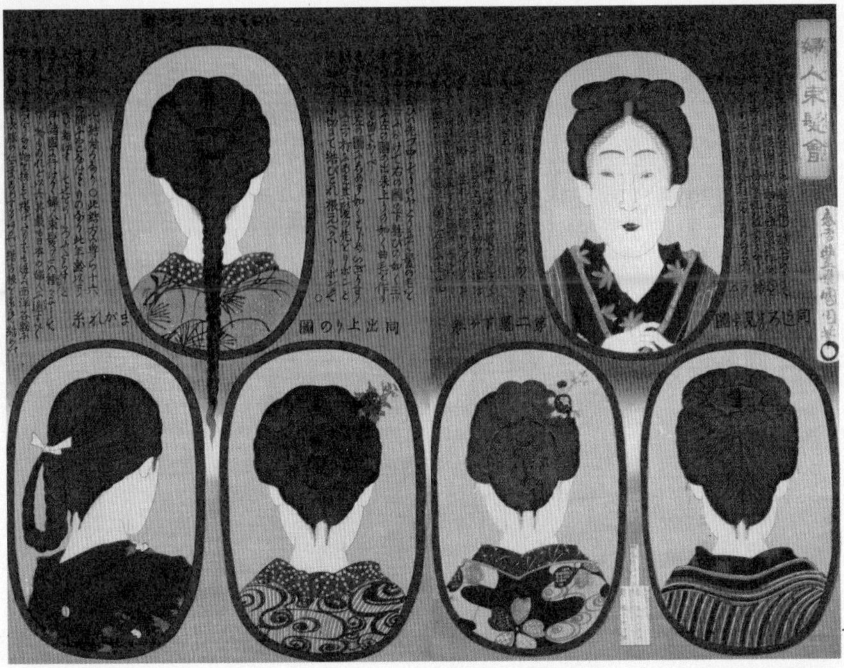

《婦人束髮會》，明治18年（1885），豐原國周（Toyohara Kunichika, 1835-1900）畫。

可以挽束，眨眼間就流行開了。總之，簡便的束髮與高漲的歐化主義相輔相成，流行速度非常快。

甚至連藝妓和娼妓也梳起束髮，京都的八坂新地考慮到若這樣不聞不問，京都藝妓會失去固有的溫柔風姿，破壞古來的名聲，因而嚴禁藝妓梳成束髮。

束髮髮型中，有一種名為「瑪格麗特」的髮型，本來在髮髻插簪子，後來用絲帶或鮮花代替簪子，增添了華麗的時尚風格，在年輕女性之間特別有人氣。女學生在背部垂下辮子，頭頂裝飾絲帶蝴蝶結的髮型，也是束髮髮型之一。

當然也有許多女性依舊喜歡傳統日本髮型，不過，用絲帶蝴蝶結裝飾，讓長髮隨風飄動的髮型成為明治時代的代表風物之一，同時也讓女性變得自由豁達。

束髮也有流行，鹿鳴館時代，「晚會捲」風靡一時。明治三〇年代以

《鬢附束髮圖會》，明治20年（1887），楊洲周延（Yō shū Chikanobu, 1838-1912）畫。

後，女性們厭倦了普通的束髮，流行起房檐般的「庇髮」，四〇年代又針對日俄戰爭流行起「二〇三高地」髮髻。

「二〇三高地」髮髻是將束在中央的頭髮高高堆起，形狀類似二〇三高地的地形。連貴族女學生也流行起這種髮型時，當時就任學習院院長的乃木希典[1]即禁止女學生梳這種髮型。

儘管「束髮」很流行，但仍要等到昭和時代的戰爭期間，日本大部分女性才不再結紮傳統日本髮髻。昭和三、四年時，日本女性的髮型依舊是日本髮髻和束髮各佔一半，短髮極為罕見，短髮女子甚至被冠上「摩登女郎」或「毛斷女郎」的稱呼。

1 乃木希典（Nogi Maresuke, 1849-1912）。東京人。日本陸軍大將、第三任臺灣總督。伯爵爵位。一九一二年明治天皇大葬，乃木希典切腹自殺，其妻亦以短刀割頸自殺，為天皇殉節。

PART2——食、衣、住、行與娛樂

居住潮流的演變

江戶時代的商家，兵庫縣龍野市。

明治庶民的住居

幕末時期至明治初期，日本人口約三千五百萬，其中，住在非農業地區的都市人佔一成多，約四百萬人，由此推算，大部分庶民都住在民房。

都市區的庶民中，雖然也有富裕商家，但大多數人都住在簡陋狹長的大雜院。明治時代以後，這些小民房或大雜院急速消失，很難從目前留下的一些被指定為文物的民房，正確地得知當時的庶民住居的總體情況。

例如，榻榻米是明治時代以後才普及於一般民家，直至江戶時代末期，大多數民家都是泥地，或在一部分泥地鋪上地板。而且這個地板也非木板，通常是用竹子編織成的竹葦。木板製的地板，需等到鋸子發達到容易製造木塊之後才普及。幕末時期，都市區以外的民家，大部分是竹葦地板。

明治初期的女性。攝影者不詳。

明治時代以後，田字型的四個房間佈局的住居逐漸發達，在地板部分鋪榻榻米的人家雖然增多，但直至明治後期，廚房和臥室仍是泥地。都市區的民家本來也是泥地和地板的簡陋小屋建築，後來逐漸發展，關西地區則演變為正面窄、進深長，一側是房間，另一側是泥地的單側建築。

庶民這種簡陋住居構造其實和各藩對藩民採取的統治政策有關。特別是佃農，例如木板地板、厚榻榻米、天花板、紙拉門、紙拉窗等，現代日本一般住居的基本構成要素，在當時全被禁止。

明治時代的文明開化浪潮，並沒有波及至庶民的住居。改元為明治後，庶民的住居仍是日本式房子。這是因為一般日本人很難適應西式的生活方式，況且若要改建，需要大筆費用。

用現代人的眼光看，往昔的日式房子構造極為不方便。譬如廚房設在房子北側的泥地盡頭，屋內沒有浴室，洗澡要到澡堂。明治時代的澡堂是木製地板和木製浴池。

特別是廚房，完全與文明開化沾不上邊。廚房分為泥地上空間和泥地空間兩個部分，一般都在泥地上空間擱置爐灶，泥地空間則當作洗碗池，蹲著洗碗。而且當時也沒有瓦斯燃料，泥地上空間除了土灶就是炭爐。

自來水普及之後，泥地竹葦上的洗碗池雖然可以注水，但是無論用火或用水都需蹲著，很不方便。

後來火柴和煤氣燈登場，生活方便許多。比起江戶時代使用的油燈及蠟燭，煤氣燈相當明亮，東京銀座等地區在街道設置煤氣燈後，整座城市燈火通明。

對主婦來說，最大的救星應該是火柴。火柴出現之前，人們只能用打火石生火，進口的火柴替主婦省下不少功夫。政府也鼓勵火柴製造業，使其成長為大產業。

日本直至江戶時代，生火時都用打火石。借由燧石和鐵器擊打而產生火花，引燃木片或草木纖維，再引燃塗有硫磺的木片，之後才用硫磺木片點燃油燈或爐灶。

生火後，通常盡可能不讓火熄滅。例如夜晚將著火的火炭埋在火盆或地爐灰中，第二天早晨再取出，擱在新木炭上吹氣。光是生火就是一項耗時的工作。火柴出現後，主婦便省下生火的勞力。

火柴於幕末時期即經由長崎傳入日本，但真正在國內生產則在明治八年（一八七五）。留學法國的清水誠[1]回國後，在東京本所建立了火柴製造工廠，這是日本國產火柴的先驅。當時有謠傳火柴上的磷是用人骨和牛馬骨製成，忌諱用在寺院或家庭佛龕前的光明燈蠟燭。

火柴普及後，火柴工廠急速增多，產量也隨之增加，十年後便出口至海外。只是，每家工廠的規模都很小，類似小型家庭工業，又因為是生活用品，無法高價售出，因此主要勞動力是工資便宜的年少者。

據說大部分是十至十五歲的女工。多虧這些女工，火柴價格才能在明治、大正期間始終維持十包二至三錢的低價。

總之，無論從哪個角度瀏覽明治時代，都可以看到濃厚的「和洋折衷」色調。

在鐵路技術和郵政制度等大規模的基礎設施方面，文明開化、歐化主義政策確實發揮了極大成果，但在文化以及生活習慣方面，日本人很難說變就變，凡事都是先加上日本風味才有可能逐漸滲入民間。其他民族應該也是如此。

回頭來看看現代的日本家庭，叉子和湯匙這些外來文化餐具，是家族兼用，但筷子和碗、茶碗等這些固有文化餐具，一定有爸爸碗筷、媽媽碗筷、哥哥碗筷或妹妹碗筷，以及自己專用的碗筷，連家人也不能共用。客人則有客人專用的一次性筷子。

換句話說，現代日本仍處於一面向「西洋化」妥協，一面保持固有文化的生活方式。

和洋折衷住宅

「和洋折衷住宅」是日式、洋式合璧的住宅。

明治時代的西式化、近代化住宅，以引進椅子並增加以會客為主的客廳等建築形式為主。此外，一部分知識分子也開始接受尊重個人隱私的觀念。

政府推行的文明開化政策雖然讓國民接受了西洋建築，但是，在此之前，長崎、橫濱、函館、神戶、東京、大阪等地，早就出現了允許外國商行及外國人居住的居留地，另有通商口岸的特定商埠，這些地區的建築物在當時被稱為「異人館」。

「異人館」的存在給日本的住宅建築業帶來很大影響，各地在興建新建築物時，都會參考「異人館」再進行改造。

例如，一樓是全新的日式建築，二樓則為附有西式扶手的開放陽台，窗戶有百葉門也有可以直接通往陽台的進出口。

簡單說來，就是「擬洋風建築」。亦即並非出自接受正規建築教育的建築師設計，而是日本的工匠有樣學樣地模仿「異人館」建築物外

典型的和洋折衷建築，神奈川縣箱根町富士屋飯店，創業於明治11年（1878）。

型，但建築方式仍是傳統的日式建築。

大約在明治三〇年代，高等中學生、大學生、紳士的服裝幾乎都是和服和西服兼半，房子也隨之轉移成「和洋折衷住宅」。尤其經濟狀況比較充裕的人家，都會在玄關旁特別附加一間西式客廳。

又基於社會潮流傾向尊重個人隱私，房間與房間之間不只用向來的日式紙拉門和隔扇區分，而且為了避免直接穿過一個房間通往另一個房間，屋內也設置了「中走廊」。

「中走廊」就是兩旁都有房間的屋內走廊，類似現代飯店的客房設計。

即便是純粹的日式住宅，當時的上流階級紳士也會在十疊蓆[2]大的起居室安設椅子、桌子。冬天在爐子焚燒煤炭。從政府機關或公司回家後，脫去西裝上衣，換上吸菸外套[3]，口含英式菸管，坐在椅子閱讀西洋書。

當然，能過這種生活的人，屈指可數。

煤氣燈與電燈

文明開化的象徵之一是煤氣燈。

對當時的人來說，太陽下山後便是黑暗統治的世界，夜晚出門時，只能用一盞燈籠照亮自己的四周。眾人都隨著太陽升起而活動，日沒後就關在屋裡與陰暗的油燈一起過夜。

漆黑的夜晚是妖怪橫行的另一個可怕世界，長久以來始終拒人於千里之外。人們就是在這樣的環境中，孕育出自己特有的風俗習慣以及生活方式。但是，煤氣燈顛覆了過去的生活環境。由於煤氣燈的出現，人們反過來開始支配夜世界，對當時的人來說，煤氣燈的光輝相當於文明開化的一種魔法。

明治五年（一八七二）九月，煤氣燈第一次被點亮，地點是橫濱。而且是日本人建設的煤氣燈。這都多虧一位日本人對煤氣燈建設的執著之念。

說起來，起初想建設煤氣燈的人是住在居留地的外國人。他們打算讓居留地明亮起來，以英國人為中心，進行著預計在明治四年十二月之前建造煤氣燈的計劃。德國商會也向神奈川

《大川岸一之橋遠景》，小林清親（Kobayashi Kiyochika, 1847-1915）畫。大川即隅田川，沒有煤氣燈的時代，漆黑的夜晚是妖怪橫行的另一個可怕世界。

縣廳提交煤氣燈建設的申請。

雖然神奈川縣沒有受理外國人的申請，卻也出現了與外國人對抗的日本人。中心人物是高島嘉右衛門[4]。

高島擔憂與煤氣有關的權利一旦給予了外國人，這權利將永久都被外國資本握在手中，於是召集志同道合的八名商人，設立了「日本社中」公司，一起推進煤氣燈建設事業。

德國商會為了抵禦日本人的活動，以強硬態度對外務省施壓，神奈川縣廳最後決定煤氣燈設置報名者數多的一方可以獲得批准。「日本社中」獲勝，高島一行人於明治三年十二月正式接受認可。

高島請法國人工程師估算煤氣工廠和煤氣燈建設工程費等，得出莫大的數字，經營管理也很難，結果八名商人全部臨陣脫逃。最後高島單獨一人投出所有個人財產，並向縣政府貸款，在法國工程師的技術協助之下，成功地在橫濱夜空點燃了煤氣燈。

兩年後的明治七年（一八七四）十二月，東京府委托高島和法國工程師在東京建設煤氣工廠並設置煤氣燈。最初在金杉橋至芝、銀座、

《日本橋夜》，小林清親畫。有煤氣燈的時代，明治10年（1877）。

京橋那一帶設置了煤氣燈，不久即普及全國。

煤氣燈的登場也造就了「點燈夫」這項新職業。此外，也創造了被稱為「花瓦斯」的裝飾和廣告煤氣燈，這正是日本霓虹燈的始祖。

東京銀座大道點亮了煤氣燈後，黑暗消失，夜晚變得明亮，人們認識到西洋文明的厲害。只是，起初感到很驚訝的人在習慣了夜晚的明亮之後，也逐漸視亮光為理所當然。然而，不到十年，這些人再度體驗到進一步的驚喜。

明治十五年（一八八二）十一月一日，銀座的大倉組商會為了宣傳新設立的東京電燈公司，在大門前亮起弧光燈。

眨眼間，口碑一傳十，十傳百，人們連日連夜趕來觀看全國第一次點亮的弧光燈。這是用五馬力的蒸氣機發出的摩擦電，二千燭光的亮度令觀眾眼花繚亂，頭暈目眩，甚至有人昏倒。據說亮光達到數十町[5]，宛如白天。

明治十八年（一八八五）五月，開發出供家庭使用的電燈泡的藤岡市助[6]，在自家實驗成功，這是日本民家第一次點亮電燈的例子。如此，電燈商品化顯著進步，東京電燈公司於翌年開始供應電力。電力事業先擴展至大阪、京都、名古屋等大城市，同時，家庭內的油燈、

明治19年（1886），皇居正門石橋電飾電燈，設計者不詳，展示於江戶東京建築物園。

燈籠以及馬路的煤氣燈也隨之漸漸消失。

明治三〇年代起，電燈公司職員開始挨家挨戶推銷家庭電燈。當時的基本費用是十六燭光（二十瓦）電燈泡每盞一圓三十錢。上班族的平均月薪是七、八日圓，一般私人住宅設置電燈算是一種奢侈，因此電燈公司又推出一種兩家串聯一起，各自使用八燭光的「便利燈」契約商品。

由於當時各家各戶都沒有點燈開關，電燈公司於固定時刻送電來時，所有人家會一齊亮燈，很有意思。

據說，都市區的電線桿是電燈公司負責設置，但地方城市或農村地區則因經費不划算，電燈公司總是遲遲不供應電力。想設置電燈的鄉鎮或村落，只能從山上砍伐樹木運回來當作電線桿，電燈公司才會勉強答應供電。而且契約件數若達不到一定數目，電燈公司也不肯簽訂合同。

這點在現代似乎也一樣，只要把電燈換成無線WiFi，便能理解當時的人為何願意上山砍樹回來自己豎立電線桿的心情了。

1 清水誠（Shimizu Makoto, 1846-1899）。實業家。

2 一疊蓆：一個榻榻米大。榻榻米大小依地區而有異，大約半坪大，就是一個人躺下時的長度和寬度。

3 吸菸外套（smoking jacket）。十九世紀中葉流行的英國外套，避免吸菸時讓菸灰弄髒衣服，並避免身上的服飾留有菸味，影響家中婦女，在當時是一種紳士風度的表現。

4 高島嘉右衛門（Takashima Kaemon, 1832-1914）。東京人。橫濱實業家、占卜易斷家，通稱「橫濱之父」或「橫濱三名士」之一，橫濱地名「高島町」正是他留下的業績。

5 一町約一〇九公尺。

6 藤岡市助（Fujioka Ichisuke, 1857-1918）。工學者、實業家，日本電力之父，東京電器公司（東芝弱電部門）創業者。

PART 2—食、衣、住、行與娛樂

從人力車到電車

明治中期攝影。放送大學附屬圖書館藏。

人力車

提到文明開化，一般日本人腦海會馬上浮出鐵路和煤氣燈等。不過，這些都是自歐美傳入的東西，明治政府倡導的近代化，說穿了無非是引進西洋的先進技術。可是，在這樣的西洋至上主義中，唯一的例外是人力車。人力車雖是日本人發明的，卻深深植根於文明開化的世界。

說人力車是文明開化期的日本人的最大發明物也不為過。不但是廣泛使用的庶民交通工具，甚至出口至海外。英語的「Rickshaw」，語源正是出自日語的「rikisha」（力車）。

明治中期攝影。放送大學附屬圖書館藏。

人力車正式被批准營業後，僅僅一年，大街小巷就滿溢著人力車。可見人力車與社會需求恰好相合。

東京府准許人力車的營業是明治三年（一八七〇）三月，申請者是和泉要助[1]、鈴木德次郎[2]、高山幸助[3]三人。明治政府認定此三人是人力車發明者，據說是和泉要助在東京看了馬車後，靈機一動想出人力車的構思，並於一八六八年完成人力車。

關於人力車的起源，有幾種說法，但是，就製造出與時代匹配的新交通工具這點來說，和泉等人的功績非常大。他們開始營業兩個月後，便出現新的營業申請者。

明治四年（一八七一）時，街上已有一萬輛以上的人力車，翌年，東京府內的一萬頂轎子完全消失，人力車則增加至四萬輛，成為日本代表性的公共交通工具。失去工作的轎夫，大部分都改行當人力車車夫。

人力車的種類很多，有單座、雙座，也有豎起四根柱子的，更有三輪、四輪的同乘型等。後來甚至出現豪華的泥金畫人力車。人力車店通常設在道路左右兩邊，車夫是新時代的新職業。光是出現新職業這件事，便可證明人力車的登場給社會帶來極大影響。

在交通網和通訊網都還未發達的那個時代，經濟、信息都剛起步的那個社會，任何人都可以隨時隨地利用，也可以自由進出小巷的人力車的存在，確實是不可或缺的社會大支柱。

明治十八年（一八八五），在東京銀座開了一家商店的秋葉太助[4]，開始出口人力車。秋葉大助設計出有車篷、擋泥板的人力車，不但提高了人力車的性能，也裝飾得既豪華又精緻，通過大量出口，獲得莫大財富。

秋葉最初出口至英國和法國等歐洲國家，不久又出口至亞洲、非洲等地，讓日本人的產品流傳於全世界各地。

日本製的人力車爆炸性地流傳於中國，別稱「黃包車」。而且中國各地紛紛建造了國產人力車工廠，人力車擴散至全境。據說，光是上海便有一百多家大大小小的人力車工廠。只是，一九四九年以後，統治中國的中國共產黨禁止人力車，此後，「黃包車」便成為歷史名詞。

公共馬車與鐵路馬車

日本開港讓外國人進來後，馬車也隨之進來。外國人帶進來的馬車是奢侈的交通工具，本來僅限宮中、貴族、高級官吏、御用商人等一部分人使用。但是，公共馬車出現後，就成為普遍的交通工具。

公共馬車於明治二年（一八六九）在橫濱開始營業，明治五年（一八七二）廢止宿驛站制度之後，各地也跟著做起馬車事業。

初期的公共馬車，車輪時常脫落，甚至把乘客拋到車外。大概是車輪還未進化到可以承受馬車的速度，這算是迄今為止從未發生過的新時代交通事故。馬車沒有屋頂，下雨時，乘客還得自備雨傘，撐著傘坐在馬車上。

明治七年（一八七四），有人從英國進口二層式、三十人搭乘的馬車，在淺草雷門和新橋站之間行駛。營業時間是上午六點到下午八點，一天往返六次，全區收費十錢，中途下車三錢。可是，因發生軋死人的事故，導致歇業。後來又有人接著在同一條路線行駛，另一人則在品川和新橋站之間行駛。

以此為開端，公共馬車的營業繁盛起來，明治二〇年代時，東京府內的公共馬車多達一百八十輛。公共馬車通常一邊鳴響發出獨特聲音的喇叭，一邊揚起沙塵在大道疾駛。明治十年（一八七七）左右，落語藝人橘家圓太郎[5]模仿公共馬車的喇叭聲，博得人氣，那以後，市民便稱公共馬車為「圓太郎馬車」。

明治十五年（一八八二）時，又出現鐵路馬車。這個和之前的簡陋公共馬車不同，車身塗上華麗的油漆，用兩匹馬拉曳，在軌道上滑行，一出現就廣博好評。

簡單說來，鐵路馬車就是有軌公共馬車，將鐵路和馬車併合為新式的交通工具。公共馬車出現於明治二年，鐵路於明治五年開通，鐵路馬車巧妙地兼具了兩者的方便性，算是文明開化期特有的交通工具。

《東京名所之內銀座通煉瓦造鐵道馬車往復圖》，明治15年（1882），第三代歌川廣重（Utagawa Hiroshiga, 1842-1894）畫。

最初開通的路線是新橋和日本橋之間，總計六輛。同年又開通了其他三條路線，兩匹馬拉曳二十四至二十七人乘坐的客車。新橋至上野廣小路之間的路線所要時間約四十分鐘，運費是六錢。

由於設備簡易，運費便宜，而且有定時路線，很快便成為大眾交通工具，沿線的公共馬車逐漸被驅逐。據說在明治十九年（一八八六）時，乘客數多達六百萬人，運費收入高達十三萬日圓。

路面寬廣的道路行駛雙軌，狹窄的地方行駛單軌，各處設立候車站，費用是一區二錢。雖然鐵路馬車逐漸佔用了主要道路，黃塵萬丈的公共馬車被趕到岔道，但因為鐵路馬車活動範圍有限，因此直至電車出現的二〇年代末，鐵路馬車和公共馬車各行其道地並存。

明治三十二年（一八九九）時，品川至上野之間長達三十三公里又六百公尺的鐵路網完成。全盛時期總計有三百輛馬車，兩千匹馬。夜間，前往上野的班車亮紅燈，前往淺草的班車亮綠燈。

不過，鐵路馬車也並非完美無缺。因為除了候車站，軌道地基沒有鋪修，每逢雨後，軌道內會出現小河般的水窪，持續都是晴天時，則沙塵彌天飛舞，馬車宛如在沙漠中奔馳，投訴意見和牢騷的乘客也不少。

車會黨

鐵路馬車的出現剝奪了人力車夫的客戶，導致人力車夫陷於生存危機。這時，出現了一個人力車夫的代言人，煽動車夫反對鐵路馬車。這男人是自由黨黨員的奧宮健之[6]。

奧宮健之說服車夫管理人，分發「來者必有酒喝」的傳單，在神田神社召集了三百餘名車夫，琅琅演說：「製造馬車是一種自由，但在天下的公路安裝軌道獨佔固定地方，是一種不自由。我們必須結盟，向公司抗議，讓公司廢除軌道。」

事情發生於明治十五年十月。

之後，奧宮又連日在市內各處召集車夫，氣勢如虹。最後引起世間人注目，新聞記者給他們取了「車會黨」的名稱，此名稱就成為通稱。

奧宮的真正目的是以廢除鐵路馬車為藉口，煽動車夫，打算發展為群眾運動。十一月，他在淺草召開結黨會，演講題目是「車夫政談演說會」，參加者多達兩千餘人。結果，演講內容完全與廢止鐵路馬車無關，滔滔說的都是自由民權論。

過幾天，因奧宮被捕，「車會黨」也自然而然地消滅了。那以後，人力車也沒有被淘汰，和鐵路馬車並排在街上，生意照舊好得笑口常開。

話說回來，在明治時代初期發揮很大作用的中、長途公共馬車，隨著鐵路的發展而逐漸消失，變成以近距離為主。明治二十三年（一八九〇）時，全國的公共馬車總計約兩千八百多輛，明治三十三年（一九〇〇）時增至六千

《東京往來車盡》（東京街上的各式各樣車款），明治3年（1870），歌川芳虎（Utagawa Yoshitora，生歿年不詳）畫。

明治26年（1893）的公共馬車。

多，明治四十三年（一九一〇）時更增至八千五百多輛，但大部分都是近距離用。

整體說來，明治五年開通鐵路，明治十五年出現鐵路馬車，明治二十八年（一八九五）京都開通電車……大眾交通工具逐漸演變為以電車為主。

但是，鐵路馬車公司當初鋪設的四英尺六英寸的軌道，就那樣保持原樣地讓電車公司接管，成為電車軌道，之後又成為東京市營路面電車軌道。東京都電的軌道幅度也與路面電車軌道相同，目前僅存的都電荒川線軌道幅度也一樣。

也就是說，一百三十多年前的鐵路馬車的影響，至今仍殘留在現代日本，殘留在我們眼前。

附帶一提，大正十二年（一九二三）關東大地震以後，為了代替受害的市營電車，日本從美國進口福特T型車當作公共汽車時，當時的人稱公共汽車為「圓太郎巴士」。此稱呼正是源自前述的「圓太郎馬車」。

1 和泉要助（Izumi Yousuke, 1829-1900）。
2 鈴木德次郎（Suzuki Tokujirou, 1827-1881）。
3 高山幸助（Takayama Kousuke）。
4 秋葉太助（Akiba Daisuke）。
5 橘家圓太郎（Tachibanaya Entarou, 1845-1898），第四代。
6 奧宮健之（Okunomiya Kenshi, 1857-1911）。社會運動家。

PART2——食、衣、住、行與娛樂

大眾娛樂

凌雲閣

聳立在淺草公園的高層建築凌雲閣，與鹿鳴館一樣，是著名的明治時代建築物代表。凌雲閣竣工當初即人氣大爆，經常成為彩色浮世繪的題材。特別是頂層的瞭望台是東京名勝之一的旅遊熱點，觀看者絡繹不絕，盛況空前。這是高度六六・七公尺的八角形高塔，石磚造的十二層建築，在當時是日本最高的建築。對當時的人們來說，確實像是高聳入雲、兀兀擎天。

東京名勝，凌雲閣與仁丹廣告。

凌雲閣建於明治二十三年（一八九〇），不過，在這之前，淺草便有高層瞭望台，因為極受歡迎，所以重新蓋了十二層高樓。

最初在淺草建設的瞭望台是明治二十年（一八八七）的「富士山縱覽所」。建造此建築的契機，是淺草的五重塔於明治十八年（一八八五）進行修理時，架設了腳手架（鷹架），由

富士山縱覽所。

於許多人想登高一望，五重塔相關人員便訂了一人一錢的價格，容許大眾登覽。結果，出乎意料地，觀客大排長龍。

某個江湖商人判斷，如果建造一座可以登高一望市區的瞭望台，肯定能撈一票。他真的建造了高三二・六公尺，外型類似海螺殼的「富士山縱覽所」。觀客可以順著螺旋狀樓梯抵達瞭望台。

只是，這座建築物的骨架是木材和竹子，再於外層塗上石灰而已，結構簡陋，因此在明治二十二年（一八八九）夏天受到暴風雨摧殘時，損壞嚴重，翌年便被拆毀。正是在拆毀的這一年蓋了凌雲閣。

設計者是英國人。當時，明治政府為了提高學問和技術等，從歐美諸國大量僱用各領域的專家，這些人被稱為「外籍講師」。凌雲閣的設計者正是其中之一。

凌雲閣一層至十層是石磚結構，十一、十二層是木造建築。由於總計十二層，人們通稱為

大正12年（1923）關東大地震後的凌雲閣。

明治23年（1890）的凌雲閣。

「十二樓」。

一樓至八樓沿著外壁內側設有樓梯，中央是可以直接升至八樓的電梯。八樓以上，中央設有螺旋狀樓梯，外壁的窗戶比下層的大。十一樓和十二樓有涼台，觀客可以到涼台眺望景色。

據說從凌雲閣眺望的景色非常壯觀，富士山當然不用說，連房總半島都看得到。花一錢可以借用雙筒望遠鏡觀看景色，但最有人氣的是可以直達八樓的電梯。這座日本第一座的電梯，因為太危險，不久便被廢止。

各樓均有各自的小賣部，觀客在爬至頂層之前可以享受逛商店的樂趣。

根據當時的報紙描述，二樓到八樓有四十六家販賣各國物品的小賣部，而且小賣部的店員或商品都設計得很徹底。例如英國小賣部的店員，身上穿的是英國服裝，商品全是英國進口貨。九樓是豪華休息室，裝飾著美術品、樂器、電話機等。

十樓的瞭望室並排著椅子，十一樓內側、外側各吊著兩盞五十燭光的電弧燈，而且每一樓都有三盞電燈。登上十一樓的樓梯後，便是頂樓的十二樓瞭望室，設有三十倍的望遠鏡。

當時沒有遮擋視野的高層建築物，也沒有空氣污染造成的灰霾，大氣很乾淨，人們應該可以享受三百六十度的大自然全景。據說，上京來觀看凌雲閣的鄉下人，有時為了數層數，一邊數一邊倒退，最後掉進池子裡。

可惜凌雲閣因大正十二年（一九二三）九月一日的關東大地震而崩坍，殘留的建築物於九月二十三日被爆破，現在只能在浮世繪或老照片中一睹其風采。

攝影

一八三九年，法國人路易・達蓋爾[1]發明了銀版攝影法，之後，攝影不但成為新的記錄手段，也發展為藝術。

日本早在幕末時期便已傳入攝影技術，也出現了學會攝影的日本人。日本的攝影先驅是下岡蓮杖[2]和上野彥馬[3]，而且幾乎在同一時期的一八六二年登場。

下岡年輕時到江戶學繪畫，因為故鄉是伊豆半島南部的下田市，美國首任駐日公使湯森・哈里斯到下田的玉泉寺赴任時，下岡奉命伺候哈里斯。那時，領事人員中有人帶來照相機，第一次與攝影器材邂逅的下岡，大開眼界，認為今後的世界並非繪畫而是攝影。

上野彥馬，33歲，明治3年（1870）。

《插梅花的女性》，1863~1876年左右，下岡蓮杖攝影，東京美術館藏。

日本開國後，下岡住在橫濱繼續做著繪畫工作，之後認識了一位來日本拍照的美國攝影師。下岡跟著美國攝影師學習攝影技術，對方回國時，下岡用自己的繪畫和對方交換了攝影器材。之後反覆研究，於文久二年（一八六二）在橫濱開了一家照相館，記錄下日本幕末時期、文明開化時期的激烈動蕩社會。

同樣在文久二年，上野也在長崎開了一家照相館。

上野在長崎跟著荷蘭人學炮術時，在荷蘭文書上發現有關攝影的報導文章，大感興趣，再跟著長崎海軍學校的軍醫學習攝影原理。之後反覆製造攝影藥品，終於製造出照相機，並攝影成功，最後開了照相館。留存至現今的勝海舟或坂本龍馬等幕末時期的志士照片，許多都是出自上野之手。

雖然其他也有幾名化學家不停在鑽研攝影技術，但在日本的攝影技術草創期做出最多貢獻的人，終究是下岡和上野這兩人。

起初，人們相信拍照時會被吸走靈魂，對拍照退避三舍，後來因文明開化的影響，才逐漸接受攝影。

拍照時，被攝者通常要把頭固定在柱子上，不能動彈。看來當時的攝影者或被攝者，都要有耐性地花費許多時間才能成功地拍出一張照片。

根據明治十年（一八七七）五月的記錄，當時在淺草寺境內有二十一處為遊客拍照的攝影所。明治十二年（一八七九）三月出版的雜誌甚至刊登了東京的攝影師排行榜。

東京百美人—日本首次的選美大會

日本於明治二十四年（一八九一）七月舉行了首次的選美大會。競賽方式並非現代人在舞台表演走秀展示自己的風姿那般，而是展覽女性的照片，再讓觀客進行投票。

小川一真。

舉辦單位是前一年在淺草開業的凌雲閣。

凌雲閣的最大招牌是電梯。可是，由於電梯相繼發生故障，翌年五月停止運轉。為了讓顧客從一樓爬到八樓也不會覺得辛苦，凌雲閣的經營團可真是絞盡了腦汁，最後想出的正是選美大會。也就是說，在每一層樓梯的牆壁展示美女照片，讓顧客邊觀賞美女邊爬樓梯。

接受委託負責拍攝美女的攝影師是小川一真[4]。

小川在美國學習了照相用感光玻璃底板製法，以及珂羅版感光板等照片印刷技術，於明治十八年（一八八五）在東京飯田町開了一家照相館。明治二十一年（一八八八）又設立了日本第一家照片印刷廠，對明治中期以後的照片界發展做出很大貢獻。

小川為了讓一百名競選者在相同的條件下拍照，特地設立了新的工作室。

工作室是日本式房間，競選者的臉部後方沒有任何背景，燈光似乎故意暗了一點，以便襯托出各個美女的五官。又為了讓競選者站立時不會晃動，特意設置了半開的葦門，讓她們隨時能抓住葦門以保持安定姿勢。每名競選者都手持一把寫著「凌雲閣」的團扇。

據說，實際展出的照片，高九十公分，寬六十公分，每張都加上人工彩色，裝在畫框內，非常豪華。可是，電梯停止運轉是五月底，選美大會自七月十五日開始，其間僅有一個月半，小川如何在短短期間內完成一百張製作過程如此大費周章的精緻照片呢？

原來小川中止了照相館和印刷工廠的一切營業，為這場日本首次的選美大會付出所有精力。

選美大會的競選者都是藝妓。

相關人員於事前從新橋、柳橋、日本橋等東京一流的藝妓中選出一百人，再經由大眾投票確定排行。不用說，這場選美大會便成為東京一流藝妓的鬥爭戰場，畢竟排行名次會影響到她們日後的身價。負責拍攝的小川應該吃了不少苦頭，不過，小川本人沒有留下任何幕後八卦記錄。

選美大會的投票方法是客人購買凌雲閣的登覽券後，入場時用登覽券和投票紙交換，從一樓慢慢爬到八樓地觀賞美女照片，最後在投票紙寫上藝妓的名字。僅限選一名。期間是三十天，每星期公布一次排行前五名的名單。

這招引起了藝妓們的激烈競爭心。有人要求自己的「旦那」[5]買斷登覽券，也發生了爭吵事件。凌雲閣只得把競選期間延後至九月十二日，總計六十天，並中止公布中途的得票數。

結果，總投票數約四萬八千多，其中，二一六二票的新橋藝妓玉菊（十七歲）獲得優勝。其次是二一三〇票的桃太郎（十九歲），第三名是二〇五七票的小豐（十九歲），第四名是二〇五四票的吾妻（十七歲），第五名是二〇三〇票的小鶴（二十八歲）。

從票數也可以看出這是一場勝負難分的激戰，票數都很接近。前五名可以得到一條鑲上鑽石的純金項鍊和高級日本錦寬腰帶。其他競選者全體都獲得各自的彩色照片和一草袋白米、一桶鹹梅。

獲得冠軍的玉菊立即受到眾多「旦那」指名，翌月，便有人以一千五百日圓幫她贖身。

藝妓照片選美大會取得大成功後，凌雲閣將大會名稱改為「東京百美人」，又於明治二十五年（一八九二）和明治二十七年（一八九四）各自舉辦了一次。

小川一真則挑選出第一回選美大會中排行前十二名的美女身姿照片，出版了一本題名為 *Types Of Japan Celebrated Geysha of Tokyo* 的珂羅版印刷寫真帖。

明治二十八年（一八九五），小川又出版了一本標題為 *Types of Japan Celebrated Geysha of Tokyo. 9 Plates with 105 Portraits*，副題為「東京百花美人鏡」的寫真帖，刊登出一百名藝妓和四名負責照顧藝妓身邊瑣事的老妓，總計一〇五幀的肖像照。

據說，當年在凌雲閣進行選美大會時，這四名老妓的照片也成為投票對象，在其他樓層展示。第二本寫真帖用的是展覽照片的上半身，

選美大會參賽者之一，日本橋藝妓「玉枝」，小川一真攝影，放送大學附屬圖書館藏。

同樣是珂羅版印刷。多虧小川發行了這兩本寫真帖，後人才能得知選美大會全體競選者的容貌。

凌雲閣和小川本身大概做夢也想不到，這場因電梯發生故障而臨時舉辦的選美大會，竟會獲得如此空前盛況。

那以後，小川又陸續發行題名《東京百美人》的寫真帖，介紹了當時的美貌藝妓。

選美大會獲得冠軍的玉菊。

1 路易・達蓋爾（Louis-Jacques-Mandé Daguerre, 1787-1851）。法國發明家、藝術家和化學家。

2 下岡蓮杖（Shimooka Renzyou, 1823-1914）。

3 上野彥馬（Ueno Hikoma, 1838-1904）。

4 小川一真（Ogawa Kazumasa, 1860-1929）。

5 旦那（Danna），長期支持一名藝妓的金主。不僅需要有錢，還要具有相當高的社會地位。

PART 3
明治新女性

瓜生岩子（Uryū Iwako，一八二九～九七）
日本社會福利事業之母

從得天獨厚到家道中落

建立在東京淺草公園，日本女性首位藍綬褒章獲獎者瓜生岩子的銅像上，刻著如下碑文：

東京淺草公園的瓜生岩子銅像。

興辦學校，傳播佛教，掃除墮胎的野蠻風習，設立醫院，救濟眾多貧民，憐恤士兵，撫慰陣亡者遺族，廢物利用，造福世間。

從碑文可以看出，瓜生岩子於生前著手的慈善事業多不勝數。

瓜生岩子出生於岩代國耶麻郡熱鹽村[1]（福島縣喜多方市）。父親是富裕世家油商，家裡僱用好幾名雇工，岩子可謂在得天獨厚的環境中長大。

然而，岩子九歲時，父親突然去世，接著家裡發生火災，房子燒毀，橫禍接二連三。岩子與弟弟隨母親回到在熱鹽經營溫泉旅館「山形屋」的外祖父家，此後便冠上「瓜生」姓。

熱鹽位於會津北邊境界的押切川左岸，三面環山，以熱鹽溫泉而聞名。據說溫泉是弘法大師（空海）於一千二百年前發現的。

「山形屋」在熱鹽溫泉地區是歷史最悠久的旅館，會津藩主到溫泉來時，陪同武士都在「山形屋」過夜，藩主則住在旅館後面的示現寺。也因此，岩子的母親娘家瓜生家是會津藩御用商人，待遇與武士階級同等。

住在若松的叔父山內春瓏[2]是會津藩御醫，岩子十四歲時，母親讓她住進叔父家，跟著叔母學習縫紉和舉止禮法。山內春瓏在產科和婦科方面非常優秀，不但通達和、漢學，佛教方面的造詣也很深。

所謂藩御醫，是每隔四、五天進城上一次班，值班武士中，若有人突發疾病，再負責診察治療，不進城上班時，通常都在家裡為一般庶民看病。

這時期的會津，正處於嚴厲徵收地租及饑荒困苦的時代。

岩子在叔父家目睹了因貧窮而讓孩子遭受不幸的惡習，以及沒有足夠食物養育孩子的環境。這位叔父所教導的實踐性哲學和防止墮胎的啟蒙運動，給岩子帶來很大影響。

禪師一語驚醒夢中人

岩子十七歲時，由叔父、叔母做媒，招了在綢緞商當掌櫃的佐瀨茂助[3]為婿養子[4]，並在會津城下町若松開了一家綢緞店。生意順利增長，也僱了掌櫃和跑腿的店小二。以長女為首，岩子生了三個女兒和一個兒子，忙著育兒和店舖的買賣，卻因受到幕末時期的混亂時代影響，綢緞店的布匹銷路也隨之下跌。

這時，丈夫茂助病倒，掌櫃又帶著店裡的錢逃之夭夭。岩子為了獨自養家，開始行販布匹。夜晚則幫人做些賺零頭的針線活，粉身碎骨地工作。

文久三年（一八六三），丈夫逝世。岩子最尊敬的叔父也已前一年過世，丈夫逝世後第二年，母親也撒手塵寰。由於一個接一個地失去最親愛的人，岩子喪失了繼續活下去的氣力。

灰心之餘，岩子向母親瓜生家代代歸依的菩提寺示現寺的隆覺禪師訴說「想當尼姑」。不料，隆覺禪師反倒告誡岩子說：「這世上有許多比妳更不幸的人。從今以後，妳就獻出妳的一切，付出妳的所有同情，給那些比妳更不幸的人。妳是個能將別人的喜悅當作自己的喜悅的人。」

禪師的這番窮人救濟教導，令岩子重新站起。此時的岩子正值三十四歲。

之後，岩子搬到喜多方住。

戰火中尋得第二人生

這時，戊辰戰爭爆發，會津遭薩長軍隊猛攻。包括男女老幼，會津藩的士族總計一千一

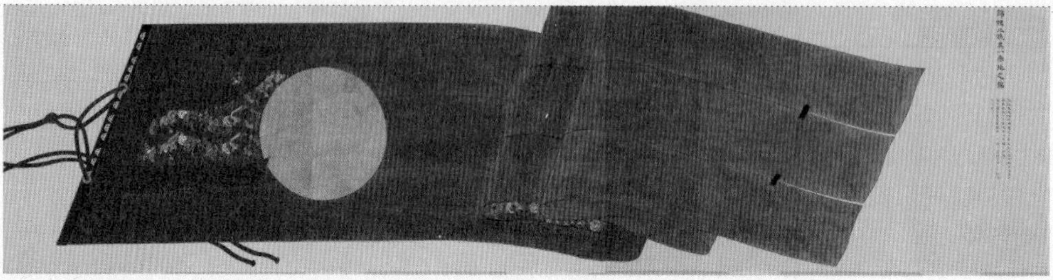

戊辰戰爭時，官軍用的錦旗及軍旗。日本國立公文書館所藏。

百名，新政府軍的薩長軍則總計約一萬數千名。雙方交戰後，死者和傷者滿溢街道，市區更被大批屍體以及受傷武士、庶民淹沒。

岩子看到雙方軍隊的眾多傷病員，無法視而不見，認為「不分敵我，傷者僅是傷者而已」，開始著手救護活動。她之前住在御醫叔父家的三年期間，早就學會了救護醫術。這時的岩子正值四十歲。

岩子救護傷病員的活動姿態打動了人心，人們稱她為「會津的南丁格爾」。勇敢又不顧衣

戊辰戰爭中的薩摩藩藩士。英國人攝影師 Felice Beato 攝影。

著打扮，是個值得信賴的女人之風聲也傳進新政府軍大將板垣退助[5]的耳裡。板垣退助原本打算見岩子一面，無奈因處於戰亂中而不得實現。

之後，岩子像尋得自己的人生航向那般，接二連三著手慈善事業，並取得成功。

戊辰戰爭後的會津城。

薩長軍的會津攻擊令會津若松城陷落，城下飽受戰火摧殘，因戰敗而成為叛軍的會津藩士遺體也被禁止下葬，就那樣隨地擱置。倖存者失去住屋也失去家園，亦無三餐可食，整個城市毫無生氣，宛如朽木死灰。

藩校和私塾因戰爭而消滅，戰敗者的武士孩子均無法接受教育。往昔那麼乾淨統一的會津，如今已成廢墟。藩士子女都被託付給附近農家，過著不學無術的日子。

岩子實在看不下去，為了讓這些失去家園的

士族孩子再度接受教育，打算創立代替舊會津藩藩校日新館[6]的學校。

岩子每日前往新政府的民政局，向文官申請開設幼年學校的許可。她認為，至少也得讓孩子們好好接受教育。

學校開設問題障礙重重。岩子每天去民政局說服。大約半年後，民政局總算許可岩子開設學校。岩子拜託本來擔任日新館教官的淺岡源三郎[7]當教師，卻因政府所決定的會津藩士處分，淺岡源三郎被命與藩主一起前往東京過蟄居生活。

戊辰戰爭期間，岩子的弟弟和長男都以鄉士身分參與了守城戰。弟弟腳受槍傷，正在治療中，但也被處罰到越後新發田藩蟄居兩年。長男僅十九歲，或許太年輕，沒有遭受處罰，平安回到家裡。

岩子為了留住淺岡源三郎，與民政局交涉，說願意讓兒子當替身，好不容易才讓幼年學校正式開課。她不但自費建設校舍，也僱了其他教師，讓藩士子女免費接受習字、珠算等教育，並利用學校用地，讓變成無業遊民的舊藩士學習養蠶等技術，為他們打開自力更生的另一扇門。

然而，兩年後的明治四年（一八七一），新政府發布小學條例，岩子的幼年學校被勒令關閉。這所幼年學校耗費了岩子的所有錢財，學校關閉後，岩子一無所有，卻毫不氣餒。

濟貧苦、矯惡習的「佛陀岩」

她於第二年前往東京，在深川一家名為「教養會所」的福利設施，以見習生身分，一邊工作一邊學習如何營運福利設施、如何保護兒童、如何救濟貧民等實際經營法。她打算在東京學會有關福利設施的所有先進營運手法，再回會津拯救陷於荒廢及貧困處境的鄉親。

一年後，岩子踏上歸途。她花掉所有現金，買了魚乾，沿路一面行商一面北上。回到會津

1987年復原的日新館。

後，住在無主的寺院，開始著手濟貧、矯正墮胎惡習等慈善事業，令當地人感激得稱她為「佛陀岩」。

岩子打算設立福利機構，但這回的障礙比建設幼年學校時更大，只得先在寺院開了一家裁縫教授館，教導家貧女子學習縫紉和織布，並為失業者進行職業輔導和諮詢活動。

明治二十年（一八八七），岩子受縣知事請求，將住居移到福島長樂寺附近，活動範圍從會津擴大到整個福島縣。岩子大力鼓吹設立福利機構的必要性，並四處宣講該如何預防因貧困而造成的墮胎惡習，以及該如何救濟被父母丟棄的孤兒等方策。

明治二十一年（一八八八），磐梯山大噴火，五村落十一聚居地遭埋沒，遇難者四七七名。此時的岩子已經六十歲，仍趕往現場進行救護活動。明治二十四年（一八九一）的濃尾大地震時，死者七千多，傷者一萬七千多；明治二十九年（一八九六）的明治三陸地震，海嘯摧毀了約九千棟住宅，至少二萬一千九百人喪生……岩子都東奔西跑地在各地召開義賣會和募捐活動，將所有收益和捐款都用在受災者的救濟活動上。

明治二十四年，岩子在若松、喜多方、坂下

設立撫養貧困兒童的育兒會。翌年，在板垣退助的協助下，成立「福島瓜生會」，第三年又組織以佛教徒為主要成員的「福島鳳鳴會」，為救濟貧困者而盡力。

日本首獲藍綬褒章的民間女性，第一座日本女性銅像

明治二十七年（一八九四），甲午戰爭爆發，岩子搬到東京下谷，用繃帶碎屑織成布分配給士兵家族，或贈送糖漿給戰傷醫院，依舊忙得不可開交。

此外，岩子又改良了糖漿製造法，考察出利用糖糟製作麵包和槽糖的方式，為戰時食品普及立下很大功勞。之後與臺灣民政長官後藤新平[8]邂逅，策劃在全國設置免費診療所，又為了在臺灣進行慈善事業，送長子前往臺灣。

明治二十八年（一八九五），鳳鳴會的育兒部獨立，這正是日後的福島孤兒院。明治二十九年（一八九六），岩子榮獲日本民間女性首獲的藍綬褒章；明治三十年（一八九七），岩子因過勞而在福島臥病，並於福島瓜生會事務所去世。享壽六十八歲。

褒章是天皇授予的榮典。藍綬褒章是授予興辦教育、衛生、生產開發等事業，對公眾利益立下顯著功績的人，或在公共事務有顯著功效的人。

總是站在社會弱者這邊，致力於兒童的健全養育，被稱頌為「菩薩化身」的瓜生岩子的人

後藤新平。

生到此閉幕了。臥病在床期間，她不但收到來自各界的慰問信，還收到皇后送來的慰勞品。

岩子的墳墓位於喜多方市熱鹽加納町的示現寺。

明治三十四年（一九〇一），東京淺草公園設置了瓜生岩子的坐姿銅像，在面向淺草觀音正殿的左手邊院子，可以看到一座浮出和藹笑容的老太太銅像。

這正是日本第一座女性銅像。

大正十三年（一九二四），岩子被追贈從五位。

除了淺草公園的銅像外，瓜生岩子的銅像總計有七座。

距離JR喜多方車站約一・五公里的喜多方市「喜多方藏里」內，另有「瓜生岩子紀念館」，裡面展示有關岩子的所有生前資料。

目前，熱鹽溫泉區仍有「山形屋」，正是瓜生岩子母親的娘家。現在的女主人瓜生悅子是岩子的玄孫。示現寺則位於「山形屋」徒步約五分鐘之處，瓜生岩子的墳墓及銅像均安靜地佇立在寺院內。

---

1 熱鹽（Atsushio）。

2 山內春瓏（Yamauchi Syunrou）。

3 佐瀨茂助（Sase Mosuke）。

4 婿養子：一種領養和婚姻繼承制度，當公卿貴族、武士門第膝下只有女兒，沒有兒子，或兒子因故無法繼承家業時，會把女婿身分改作養子，而女兒也被定義為兒媳。

5 板垣退助（Itagaki Taisuke, 1837-1919）。高知縣出身。日本明治維新功臣之一，日本自由民權運動家、日本第一個政黨自由黨的創立者。伯爵爵位。第十三任、第十七任日本內務大臣。

6 日新館（Nisshinkan）。一九八七年花費總工費三十四億日圓復原，位於會津若松市河東町。

7 淺岡源三郎（Asaoka Genzaburou）。

8 後藤新平（Gotou Shinpei, 1857-1929）。岩手縣出身。臺灣總督府民政長官、東京市長、南滿鐵道會社總裁、外務大臣、內務大臣、日本童子軍聯盟首任會長。伯爵爵位。

矢嶋楫子（Yajima Kajiko，一八三三～一九二五）

女子學院、日本基督教矯風會創辦人

楫子的家庭背景

矢嶋楫子是誰？

是於明治時代初期設立「婦人矯風會」，自已成為第一代會長，而且三十五年期間都為了解放日本婦女而站在第一線的女強人。

矢嶋楫子。

楫子本名勝子[1]，生於天保四年（一八三三），肥後（熊本縣）上益城郡，是家裡的第八個孩子。

楫子的父親是統治數十村落的地方行政首長，楫子是第六個女兒，亦是家中排行最小的孩子，因此是「不受歡迎的孩子」。落地後，遲遲沒有人為她取名，後來，長她十歲的姊姊才為這個么妹取名為「勝子」。可能因生下來就沒有人疼愛，據說小時候沉默寡言，不討人喜歡，綽號為「澀柿子」。

矢嶋家人才輩出。楫子的父親是肥後藩地方官員，哥哥是橫井小楠的高足弟子，長她十歲的姊姊（第三女）竹崎順子[2]是創立熊本女子學校的人，其次的姊姊久子嫁給德富一敬，生下蘇峰、蘆花這對兄弟。

德富一敬[3]也是橫井小楠的高足弟子，更是肥後藩的改革核心人物，亦是朱子學儒學者、著名教育家。

德富蘇峰[4]是大正、昭和時代的著名思想、評論家，弟弟德富蘆花則為明治、大正時代的文豪。

至於橫井小楠[5]，是明治維新十傑之一，許多日本歷史名人都出自他開設的私塾。明治維新的名人以及明治政府的中樞人物，例如坂本龍馬[6]、井上毅[8]等，經常出入位於熊本市東區的橫井小楠住居「四時軒」[8]。名聲傳遍全國，甚至擔任過越前福井藩（德川家康嫡系）的政治顧問。

橫井小楠的續弦正是矢嶋家第五女，也就是楫子的五姊，因此兩家關係非常密切，在當時的肥後國形成最尖端的知識分子人脈。

橫井小楠與維新群像。熊本城內的千葉城區附近的高橋公園。左一是坂本龍馬，左二是勝海舟，中央是橫井小楠，右一是松平春嶽，右二是細川護久。

既然父親是統治數十村落的地方行政首長，當然必須熟知租稅、法刑、教育、土木等知識，想必教養文化相當高。

楫子的母親也是村長的女兒，非常注重家庭教育，親筆寫成《古今和歌集》、《三十六歌仙》、《百人一首》等手本，當作孩子們的教科書。這與當時的「女子不需接受教育」的風潮背離，因而才會造就出眾多傑出的女兒吧。

第二人生的開幕

家裡女孩太多的話，當戶長的人就得為這些女子尋找門當戶對的親事。楫子二十五歲那年，哥哥讓她嫁給富豪林七郎。在當時來說，二十五歲初婚算是很晚，而且林七郎已有三個孩子，楫子是以續弦身分嫁過去。雖說是續弦，但林七郎是武士身分，就門第來說，比地方長官的矢嶋家高一截。

楫子為丈夫生下一兒二女，但婚姻生活僅持續了八年多，便因丈夫的酒瘋性子而離異。

楫子於日後提及這個丈夫時，曾說「這人品格很高，心直口快」，只是每次醉酒後都會耍酒瘋，抽出白刃在家裡鬧得雞犬不寧。丈夫這個壞毛病，令楫子極端疲累且陷於精神衰弱的狀態，最後忍無可忍，帶著最小的女兒離家出走。

丈夫遣人來接母女時，楫子毅然剪下紮得整齊的髮髻，包成紙包，遞給來人，算是向丈夫宣告離婚。這一年，剛好是明治元年（一八六八），三十六歲的楫子邁出新生的第一步。

當時是不允許女方主動提出離婚的時代，楫子的決斷走在時代之前。也因此，楫子受全家族譴責。

之後，楫子輾轉地寄居在哥哥姊姊家，度過數年流浪時代。這時，為明治政府做事，單身住在東京的哥哥病倒，寫信回鄉吩咐楫子動身前往東京照護。

時代已經改元為明治，社會的一切都如暴風雨般地正在變革中，楫子滿懷期待地進京。這正是矢嶋楫子步向第二人生的序曲。這一年是明治五年（一八七二），楫子四十歲。

進京後，楫子為了將來能自己謀生，入小學教員傳授所就讀。翌年，明治政府施行學制，在全國各地設置小學，楫子通過訓導考試，成為櫻川小學教師。當時的教員起薪是三圓，楫子的薪水是五圓，算是破格待遇。

這時期，家鄉的大姊帶著兩個孩子，大嫂也帶著孩子進京，哥哥家一下子變得熱鬧非凡。但是，楫子卻和住在哥哥家的書生陷入戀愛關係，對方是東北人，比楫子小了將近十歲，在家鄉已有妻子兒女。

四十三歲的楫子懷了對方的孩子。

書生要求楫子「一同返回故鄉，以妾身分登記戶口」，楫子拒絕了。她向學校申請病假，躲在練馬村分娩。生下的孩子是個女孩，取名妙子。楫子將這個私生女託付給農家，之後幾乎從未去探望過，就那樣送給別人當養女。

楫子隱瞞著此事，若無其事地繼續當教師，甚至終生都隱瞞著此事。死後，才被親族公佈出祕密。

明治十一年（一八七八）秋天，楫子與美國傳教士瑪莉・楚夫人[9]邂逅，自此改變了命運。瑪莉・楚夫人邀請楫子到明治七年（一八七四）設立於築地居留地的新榮女子學校當教師，於是楫子離開住慣的寄宿，到該女子學校就任宿舍舍監。翌年，在築地新榮教堂接受洗禮。

明治十四年（一八八一）夏天，楫子成為櫻

現在的女子學院中學校、高等學校，位於東京都千代田區。

井女子學校的校主（兼任校長和理事長的工作）代理。楫子不制定校規，她向學生說：「你們有《聖經》，可以自己管理自己。」

明治二十三年（一八九〇），櫻井女子學校和新榮女子學校合併為女子學院，楫子被推薦就任第一代院長。此時的楫子五十八歲。

成為學校經營者、教育家的楫子在此仍不駐足，她開始向日本社會的歪風邪氣挑戰。

設立「矯風會」

這時期恰好是美國南北戰爭結束，奴隸制度被廢止，但是，將青少年也捲進的酒害開始橫行，成為新的煩惱。

禁酒運動發生自俄亥俄州的一個小村莊，弗朗西斯・威拉德女士[10]將此運動組織化，並在全國展開運動。威拉德女士又於明治十六年（一八八三）創立「萬國基督教婦女禁酒聯合會」，並於明治十九年派出瑪麗・萊維特夫人[11]至日本，當作運動的一環。

瑪麗・萊維特夫人在日本演講時，楫子通過不流利的口譯聽著賣淫、禁酒問題，愈聽愈覺得體內湧起一股澎湃的熱血。

酒，正是讓楫子的前半生亂成一團的剋星。埋藏在記憶深處的激情火焰開始燃燒起來。

正因為楫子有過丈夫經常耍酒瘋的苦澀經驗，所以對萊維特夫人宣傳禁酒運動的演講產生很大共鳴。

「女性的幸福必須由女性自己去奪取。」

弗朗西斯・威拉德。

這句話令楫子如夢初醒。

次日，楫子和萊維特夫人暢談了一番，決心成立「基督教婦女禁酒聯盟」日本分會。明治十九年（一八八六）十二月，「東京婦人矯風會」成立，楫子被推舉為第一代會長。

那以後，楫子便將自己的後半生全部投注在矯風會上。

明治二十六年（一八九三），矯風會發展為全國性的組織，改名為「日本基督教婦人矯風會」，六十一歲的楫子就任第一代會長。

楫子於大正三年（一九一四）自女子學院退休後，便專心致力於矯風會的運動，直至大正十四年（一九二五）虛歲九十三歲過世之前，始終與矯風會並肩而行。

「矯風會」的活動

矯風會的活動目的是廢娼、禁酒、禁菸，但也從事其他各式各樣的運動。

首先，向明治二十三年開設的國會提交二大請求；一是「確立一夫一妻制」，另一是「取締海外娼妓」。

日本於明治維新後雖然廢止了「妾制度」，但是，現實上的社會風氣仍認為擁有妾才是有志氣的男人，因而明治政府高官和有錢人都競相納妾。

此外，有許多貧苦山村的女子被賣到新加坡和東南亞當娼妓，在當時稱為「唐行小姐」，亦稱「南洋娘子軍」。

當局質疑：「如果妓女有更生意志，即便僅有一人，矯風會有能力收容並監督這些妓女，讓她們從事正業嗎？」

基於此質疑，矯風會於明治二十七年（一八九四）在東京大久保設立了「慈愛館」，不僅收容娼妓，也收容不良少女和有酒癮的少女。

此時的楫子已經就任「日本基督教婦人矯風會」第一代會長。

明治三十九年（一九〇六），楫子又向國會

提交制定男子通姦罪的請求。楫子的行動背面，始終與過去兩個男人的慘痛經驗有關。

大正五年（一九一六），楫子又設立了「海外妓女防止會」，除了致力防止女子人身買賣，更派遣會員前往海參崴、哈爾濱、釜山等地進行妓女的實況調查，並派人到妓女主要出身地的九州天草、島原進行調查。

然而，這類廢娼運動通常進行到再進一步就成功時即毀於一旦。幾次敗北後，楫子沉痛感到這一切都因為女性缺乏政治權力才會導致失敗，於是開始推進婦女參政權的要求。

大正十一年（一九二二），楫子組成「日本婦女參政權協會」，翌年十二月又組成「婦女參政權獲得期成同盟」。

宛如神話中的不死鳥

楫子於大正三年（一九一四）辭去女子學院院長職位後，便住進矯風會事務所，從北海道至九州各地東奔西走，進行支部組成的演講。七、八十歲時更不辭辛勞地四次飛到海外。

第一次是明治三十九年（一九〇六），美國波士頓召開第七次「萬國基督教婦女禁酒聯合會」大會時，楫子已經七十四歲，這時會見了羅斯福總統。

第二次是大正九年（一九二〇），為了出席第十次大會而赴歐；翌年春天，前往滿洲、朝鮮組支部；同一年秋天，再度赴美。

身邊的人擔心將近九十歲的楫子如此頻繁出國，恐傷身體，楫子卻答說：「天堂和日本與美國的距離都一樣吧。我雖然聽不懂英語，但上帝會聽到我的日語祈禱。」

楫子宛如不死鳥，即便八十多歲也仍站在運動的第一線指導年輕世代。她不像其他同年代的新女性那般華麗，甚至可以說很不起眼，卻頑強地不仰賴男人也不仰賴孩子，只憑自己的信念活出她的人生。

德富蘇峰對自己的姨媽的評語則相當犀利：

「富有統治能力」、「說是受人敬愛不如說是受人畏懼」、「好像用理智凝結而成的人」、「目中無人」、「不把人當人看」。

楫子的祕密

楫子過世後不久，外甥德富蘆花即在《婦女公論》發表了一篇〈獻給留下兩個祕密去世的姨母靈前〉文章。

文中暴露，德富蘆花夫婦於大正十一年（一九二二）秋天，久違十年去拜訪楫子時，曾要求楫子在過世之前一定要向世間公開隱瞞許久的所有祕密。

楫子聽後，似乎極為不安，考慮了一會兒才答說：「我很感謝你已經知道我的祕密，但我的事，我自己會處理。」

標題的「兩個祕密」，一是楫子拋棄兩個孩子離家出走的事，另一是與有婦之夫生下一個孩子，並拋棄了那個孩子的事。「所有祕密」的意思是為了隱瞞這兩件事而編織出的一切謊言。

也就是說，直至蘆花逼迫姨母坦白一切之前，只有一小部分親屬知道楫子的過去，周邊及世間人完全被蒙在鼓裡。

蘆花於姨母過世不久便暴露出這樣的八卦及批評，似乎有點不公道，但這也表示，楫子於生前可能粉飾了太多事。蘆花在姨母過世後才公布，應該是看在親戚關係上，給姨母留住面子。

蘆花並非在責備姨母的過去，而是在指責姨母以眾多謊言掩蓋自己的過去。他不能原諒的是，姨母楫子執拗地拘泥於地位和名聲，持續幾十年以謊言欺瞞了周邊的人和世間這件事。

哥哥德富蘇峰更在楫子的葬禮公開朗讀如下的悼辭：

> 不知為何，我從小就很討厭這個姨母。而且在長久歲月中，一直秉持嚴正批評家的態度觀

察著姨母的一切。在我至今為止遇見的所有人之中，不問男女，像姨母這種不把人當人看的人還真是少見。

蘇峰和蘆花這對兄弟失和多年，但是，他們對楫子的評價卻不約而同。

其實，楫子在蘆花夫婦前來說服後，終於下定決心，向矯風會幹部（日後就任會長）久布白落實[12]懺悔，並委託她筆記口述。久布白落實是楫子的姊姊久子的外孫女，也是蘇峰和蘆花的外甥女。

德富蘇峰。

對久布白落實來說，雖然第一次聽到事實，卻也難以饒恕楫子的欺瞞。只是，公開的話，恐怕會令楫子名聲掃地，更會影響到矯風會的活動，因此，久布白落實也隱瞞了事實。

楫子於明治十七年（一八八四），因回到家鄉的哥哥病倒，將哥哥的孩子四郎帶到東京，讓他住在宿舍。順便趁機領回一直棄置於家鄉的最小的女兒達子，並領回之前送給農家當養女的八歲私生女妙子。

可是，楫子卻向四周人說妙子是孤兒，並讓妙子稱呼她為「老師」。不知情的人會認為楫子有顆菩薩心，領養了無父無母的孤兒。

妙子比楫子早死，所以她一直不知道自己的父母到底是誰，更做夢也不會想到她感恩戴德的「老師」竟是親生母親。可是，不知是不是母女同命運，妙子也在婚後鬧出婚外戀事件。

另一方的達子似乎知道楫子是自己的親生母親，卻不知道同居的妙子是同母異父的妹妹。

久布白落實於楫子過世兩年後才公開楫子的

告白懺悔筆記。筆記中記述著妙子是年輕時與書生做錯事而生下的私生女，而且也記述了妙子的婚外戀事件。

最後以「我們並非堅強才設立了婦女矯風會，而是因為軟弱，正因為太軟弱，為了減少人在行路時的誘惑，為了可以讓人更順利地走在人世而設立」這段文章收尾。

到底是時代造就了矢嶋楫子這位女強人，或是酒狂丈夫以及年輕書生令楫子喪失了母愛？事到如今，似乎已經無法尋得答案了。

1 勝子（Katsuko）。

2 竹崎順子（Takezaki Zyunko, 1825-1905）。

3 德富一敬（Tokutomi Kazutaka, 1822-1914）。日本儒學者、官僚、教育者。

4 德富蘇峰（Tokutomi Sohou, 1863-1957）。熊本縣出身。政治家、思想家、評論家、歷史學家。

5 橫井小楠（Yokoi Shounan, 1809-1869）。熊本縣出身。儒學者、政治家、維新十傑之一。

6 坂本龍馬（Sakamoto Ryouma, 1836-1867）。高知縣出身。土佐藩鄉士，維新志士。

7 井上毅（Inoue Kowashi, 1843-1895）。熊本縣出身。第二任法制局長官、第七任文部大臣。子爵爵位。

8 四時軒（Shijiken）。

9 瑪莉・楚夫人（Mary T. True, 1840-1895）。

10 弗朗西斯・威拉德（Frances Elizabeth Caroline Willard, 1839-1898）。

11 瑪麗・萊維特（Mary Clement Leavitt, 1830-1912）。

12 久布白落實（Kubushiro Ochimi, 1882-1972）。熊本縣出身。女性解放運動家。

PART 3——明治新女性

高橋阿傳（Takahashi Oden，一八五〇～七九）

日本最後一名斬首受刑者

明治一代的毒婦

以「希世毒婦」之名留傳至今的高橋阿傳（二十八歲），於逮捕兩年半後的明治十二年（一八七九）一月三十一日，在東京市谷監獄被處刑。她是日本刑罰史上的最後一名斬首受刑者。

「明明是個男人，膽子真小。看看我！」阿傳在刑場甚至口齒鋒利地如此斥責先一步被斬首的男人。

劊子手是著名的「斬首淺右衛門」第八代山田淺右衛門[1]的弟弟吉亮[2]。輪到阿傳時，由於她狂亂地不停大喊著情夫小川市太郎[3]的名字，導致斬首技術高超的山田淺右衛門吉亮竟失手了兩次，第三次才斬下阿傳的頭顱。

同年二月十二日的《東京曙新聞》刊載了阿傳的解剖檢屍報告，曰：「關在監獄三年，絲毫不減其健壯身軀，肥肉油濃……」

阿傳殺害日本橋的舊衣商後藤吉藏[4]事件，發生於明治九年（一八七六）八月二十七日上午七點左右。

「我有事先回去。我丈夫脾氣不好，麻煩妳們不要喚醒他。」

一名女子如此交代女侍後，留下於昨晚一起住宿的男人，從東京淺草御藏前片町（台東區藏前）的「丸竹旅館」消失身姿。

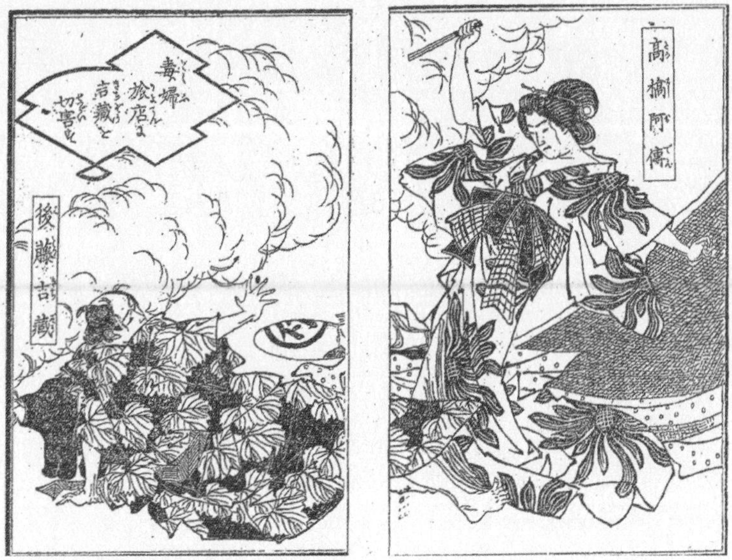

《高橋阿傳夜叉譚》插圖。

到了中午，留在旅館房間的男人仍不起床。

女侍覺得很奇怪，到房間查看，翻開被褥，只見男人被剃刀割斷喉嚨，倒臥在血泊中。警察接到旅館的通報後，立即製作通緝告示，四處分發。之後有人檢舉阿傳的行蹤，警察在阿傳居住的京橋、新富町那一帶仔細搜尋，終於逮到阿傳。

從小就寄人籬下

阿傳生於嘉永三年（一八五〇），家鄉是上野國（群馬縣）利根郡下坂村。據說母親被某藩的首席家臣看中，事後又遭遺棄，之後懷著身孕嫁人。阿傳兩個月大時，父親便將她送給別人當養女。母親則遭丈夫休妻，不久就過世。

阿傳十四歲時，因養父母推薦，與村內某個勤於幹活的男子結婚。可是，阿傳不喜歡這個丈夫，一年多後離婚。十六歲時，又與村內的高橋波之助[5]結婚，然而，噩運正自此接二連三發生。

高橋夫妻倆感情很好，是村人都羨慕的理想鴛侶，不料，婚後一年，悲劇便來襲。波之助患上在當時被認為是絕症的漢生病（癩病）。

《高橋阿傳夜叉譚》插圖。

在人權意識相當低的當時，夫妻倆應該受到全村人都與其絕交的歧視。儘管如此，阿傳仍獻身地照料丈夫。

所有財產都花光後，二十歲的阿傳終於下定決心離開村落，於明治四年（一八七一）年底，帶著丈夫前往新天地東京。阿傳打算去橫濱向名醫詹姆斯・柯蒂斯・赫本[6]求救。

兩人最初寄居在阿傳的同父異母姊姊家，後來又搬到橫濱。阿傳為了掙治療費和生活費，起初當女傭，不久便成為流鶯。

也就是說，阿傳並非自甘墮落，她是為了醫治丈夫的病，不得不站在街頭拉客。赫本的診所全部免費，阿傳把錢都花在昂貴的民間中藥偏方。

然而，所有治療均無效，丈夫於明治五年（一八七二）九月去世後，二十一歲的阿傳，命運也隨之一路狂跌。

強盜殺人罪？為姊姊復仇？

失去心靈支撐且疲憊萬分的阿傳，為了讓身心休息，委身於東京某生絲商當小妾。幾個月後，恢復健康的阿傳又離開生絲商的身邊，打算自己做茶葉掮客。這時，她認識了小川市太郎。

小川生得俊俏，脾氣很好，卻是個懶漢。這大概是阿傳的男人嗜好吧。不過，阿傳沒有和小川同居，她為了茶葉掮客的生意，經常東奔西走，有時回來和小川住一起，有時又背著背袋出門做生意。

當時和阿傳有生意往來的人，日後在法庭證言阿傳穿著樸素，外觀不起眼等，有些人甚至沒有留下任何深刻印象。這也表示，阿傳在做生意時，完全沒有利用性方面之類的女人武器。

明治九年（一八七六）八月，二十五歲的阿傳因交易失敗，生活跌入谷底。據說，小川市太郎是個吃軟飯的傢伙，他的生活費及所有欠債都是阿傳在支付。

阿傳經人介紹，向古董商後藤吉藏借錢，結果對方說，只要阿傳願意陪睡，他願意出錢。

這個名為「後藤吉藏」的男人，其實是阿傳同父異母姊姊的丈夫。阿傳在生絲商身邊當小妾的養病期間，姊姊家的房東遣人帶來口信，說阿傳的姊姊趁房東不在時擅自搬家。阿傳到姊姊家查看，姊姊行蹤不明，家裡空無一物，姊夫也不知去向。

也就是說，阿傳經人介紹而認識的古董商後藤吉藏，正是四年前失蹤的姊夫。四年後，阿傳再度見到這個姊夫時，對方不但改名換姓，更另結新歡，唯獨姊姊就那樣離奇失蹤了。阿傳堅信姊姊遭後藤吉藏殺害，但是，這些供述於日後全被法院否定。

八月二十六日，阿傳為了打聽姊姊去向，同吉藏在東京淺草藏前片町的旅館「丸竹」度過一晚。八月二十七日早上，阿傳獨自一人離開旅館，吉藏死在旅館房內。

由於阿傳離開旅館時，拿走了吉藏錢包裡的錢，兩天後，阿傳被捕時，罪名是「強盜殺人罪」。

死後成為媒體的炒作商品

明治十二年一月二十九日，東京法院判阿傳死刑；三十一日，在東京市谷監獄，由第八代山田淺右衛門的弟弟吉亮負責執行死刑。

明治政府於明治三年（一八七〇）公布將以絞刑替代現有的斬首死刑執行方法，並於明治六年（一八七三）制定絞罪器械圖表，將「勒死」改為落下式的「吊死」。也因此，當時被宣告死刑的罪人，可以選擇斬首刑或絞刑。

阿傳選擇了斬首刑。

但是，阿傳在刑場因為沒看到養父和情夫小川市太郎的身姿，瘋狂地扭動全身掙扎，大喊著市太郎的名字。為此，吉亮失手了兩次，第三次才成功斬下阿傳的頭顱。

阿傳的苦難並沒有隨她的死而結束。

死刑執行後不久，專門寫通俗小說的戲作者

後藤吉藏，新富座舞台劇《其名高橋毒婦小傳，東京奇聞》海報，明治12年（1879）5月上演，豐原國周（Toyohara Kunichika, 1835-1900）畫。早稻田大學演劇博物館所藏。

假名垣魯文[7]編著的《高橋阿傳夜叉譚》全八篇合卷上市。

據說這套有插圖的合卷書在短短兩個半月完成，對當時的木版印刷界來說，是最快記錄。書中讓多數虛構的賭徒登場，並形容阿傳為「脂膏多、情慾深」的女人。

阿傳便這樣被改造為「妖婦」、「毒婦」，隨著當時剛傳入日本的西方文明印刷技術被大量打印，傳遍日本的大街小巷。

假名垣魯文深知文明開化期的老百姓追求刺激的貪婪心理，遂以至今為止被壓抑的女性慾望為主題，創作了「毒婦高橋阿傳」形象。之後，其他戲作者也跟風出版了《其名高橋毒婦小傳，東京奇聞》全七篇合卷。四個月後的五月，新富座劇場也上演了毒婦高橋阿傳的舞台劇。

「明治一代毒婦」的阿傳形象就如此形成了。但是，阿傳的真正實像不過是底層社會的不幸女性之一而已。阿傳的情夫小川市太郎曾對主演阿傳的歌舞伎演員說：「她很順從，做事規規矩矩，不知情的人會以為她是士族的妻子。」

日後，假名垣魯文在報紙向讀者（或向陰世的阿傳？）公開謝罪，承認取材不足與事實誤認。雖然著名的歌舞伎狂言作者河竹默阿彌[8]也寫了有關阿傳的劇本，但人家至少把阿傳的名字改為假名。

日本著名小說作家山田風太郎[9]曾批評道：「阿傳只殺了一個人，讓她成為希世毒婦的人，正是假名垣魯文。」

不知是不是惡夢做太多，假名垣魯文於阿傳死後三週年忌辰的明治十四年（一八八一），向相關人員募捐，以小川市太郎的名義在東京都立谷中靈苑為阿傳修建了墳墓。

這邊的墳墓雖然沒有遺骨，但墓碑後刻著八十多名捐款人名字。其中，不但有出版社和報社，也有新富座等著名歌舞伎演員，以及打鼓說書人和說書藝人，甚至連日本橋的花柳界也來湊熱鬧。這些人都因為高橋阿傳而賺了大錢。

不過，也不能怪當時的媒體和炒作的演藝人，這完全是時代使然。

江戶時代的繪本小說便有「毒婦」這個詞，而殺死男人的「毒婦」比只玩弄男人的「惡女」更具有震撼人心的力量。文明開化的明治時代初期，報紙逐漸蛻變為以報導事實為主的媒體，但承接江戶時代的「實錄」繪本仍是最受歡迎的通俗讀物，因此才會將阿傳升級為「毒婦」。

換句話說，「毒婦傳說」是明治時代媒體近代化過渡時期的產物。

小川市太郎的下落

阿傳被處刑後，警視廳第五醫院負責解剖遺體。

據說，當時的相關人員將阿傳的陰部標本保存下來，之後移至東京大學醫學系，戰時又交由陸軍醫院保管。事實如何不得而知。阿傳的頭顱則被淨化再製成骷髏，日後被淺草區某中醫醫生購走當作收藏品。

遺體以罪人身分葬在小塚原刑場的回向院。回向院是專門埋葬罪犯的寺院，當時有許多政治犯也埋在此地，因而沒有特別區分哪個地方

東京都荒川區回向院的高橋阿傳墓碑。

埋的是誰，亦沒有墓碑。現在的回向院有各種墓碑，都是日後重建的。

十年後的明治二十二年（一八八九）三月，有名雲遊僧前往淺草拜訪收藏阿傳骷髏的中醫醫生。雲遊僧自稱俗名是小川市太郎，聽說醫生收藏了阿傳的骷髏，迢迢千里趕來，只為了見一眼阿傳的骷髏。

原來小川市太郎曾被懷疑是共犯，入獄了一陣子，後來當局查出小川確實和罪行無關，又釋放了小川。

小川市太郎向中醫醫生說，他和阿傳的養父最後一次到監獄與阿傳會面時，阿傳似乎已經明白自己不久後將離開人世，一面流淚一面要求養父和市太郎於處刑日當天一定要來見她最後一面。兩人都答應了。

但是，不知為何，傳訊人傳錯了處刑日期，晚了一天。市太郎和阿傳的養父趕到刑場時，阿傳已於前一天被斬首。兩人懇求相關人員讓他們收屍，但阿傳的屍體也在斬首後即移交給警視廳第五醫院。

醫生聽了雲遊僧的說明，才理解阿傳於斬首前陷入瘋狂狀態的理由。醫生取出骷髏向雲遊僧解釋，由於阿傳狂喊著市太郎的名字，導致淺右衛門第一刀沒有砍掉頭顱。骷髏後頭部留下的斬傷痕跡，正是證據。

醫生又勸解雲遊僧：「世間人稱阿傳為毒

東京都立谷中靈苑高橋阿傳墓碑。

婦，但她的遺體完成醫學上的貢獻，也留下髑髏讓人進行醫術研究，所以值得稱她是個善良女子。請你盡量為她弔祭，讓她下輩子活得好一些。」

雲遊僧向醫生鄭重致謝後，將行囊掛在胸前，告別離去。

自此以後，便沒有人知道小川市太郎的下落。

1 第八代山田淺右衛門（Yamada Asaemon, 1839-1882）。日本江戶時代公家御用的刀劍試斬者，「山田淺右衛門」為山田家當家代代繼承的名字。

2 亮吉（Yoshihusa）。

3 小川市太郎（Ogawa Ichitaro）。

4 後藤吉藏（Gotou Kichizou）。

5 高橋波之助（Takahashi Naminosuke）。

6 詹姆斯・柯蒂斯・赫本（James Curtis Hepburn, 1815-1911）。美國賓夕法尼亞州出身。日本江戶時代被美國長老會派到日本作醫療及傳道的宣教師。現時最普遍的日語拉丁拼音方法平文式羅馬字（又名黑本式）就是由他所創。

7 仮名垣魯文（Kanagaki Robun, 1829-1894）。東京人。原為戲作者，明治維新後成為小說家、新聞記者。

8 河竹默阿彌（Kawatake Mokuami, 1816-1893）。東京人。歌舞伎狂言作家。

9 山田風太郎（Yamada Huutarou, 1922-2001）。兵庫縣出身。日本戰後通俗小說家代表之一。

PART3──明治新女性

荻野吟子（Ogino Ginko，一八五一～一九一三）高橋瑞子（Takahashi Mizuko，一八五二～一九二七）日本最早的女醫師

日本明治時代仍存在著強烈的「女性不適合學問」、「專職不能起用女性」等偏見，當時的女性若打算以高度學問技術自立，都必須行走一條現代女性無法想像的荊棘路。

荻野吟子。

特別是女性醫師，這是當時的女性做夢也想不到的事。政府沒有讓女性接受國家考試的制度，教育設施也毫無接納女性的準備。親身闖關，披荊斬棘，為日本女性開拓出女醫師之路的人，正是荻野吟子和高橋瑞子。

荻野吟子：女醫師執照第一號

日本女醫師執照第一號的荻野吟子，出生於嘉永四年（一八五一），父親是埼玉縣大里郡秦村（熊本市）村長。吟子在七個兄弟姊妹中排行老五，少女時代即沉迷於學習，跟著儒者

學習漢學，是位才媛。

吟子是美人，個性堅強，十八歲時被當地世家的兒子看中而出嫁。這個丈夫於日後成為地方銀行總裁，算是個能幹男人，雙方門第也相稱，在旁人看來，是理想的夫婦。但是，丈夫年輕時是名浪蕩漢，竟然讓年輕的妻子感染了性病。吟子一直陷於疼痛和排膿的病苦中，最後又被夫家以「健康狀況不佳，不能生孩子」為由趕出門，婚姻生活僅維持了兩年。

現代女性即便患上性病，只要早期接受適當的治療，通常可以痊癒，但在明治時代初期，性病是不治之症。吟子前往東京，住進順天堂醫院，接受了大約一年的痛苦治療。所謂「痛苦」，是指每次接受治療時，都必須在男醫面前暴露私處的屈辱感。

在同性中，一定有很多懷著同樣苦惱的人。說不定也有人為此自殺。吟子一面接受治療，一面萌生乾脆自己成為女醫以便挽救她們的想法。無論如何，女醫絕對是必要的存在。

想當女醫的決心一年比一年堅定，吟子終於說服周遭的所有反對者，於明治六年（一八七三）二十三歲時進京。她雖然成為東京著名國學者井上賴圀[1]的門生，不料，竟因美貌而被井上賴圀求婚。

但是，發誓貫徹初衷的吟子，以暫時先前往甲府（山梨縣）當教員為藉口而逃脫。接著搬到甲府的私立女子學校，成為教師兼舍監。

明治八年（一八七五），東京女子師範學校（現在的御茶水女子大學）開課，吟子再度進京入學。四年後，以第一屆首席畢業生的身分

井上賴圀。

畢業。

從東京女子師範學校畢業後，吟子打算繼續到醫學院進修，可是，無論哪裡均禁止女子入學，所有醫學院都拒絕她的入學申請。

吟子向擔當教授訴說立志當女醫，通過教授的介紹，好不容易才和陸軍軍監醫石黒忠悳[2]會面。在石黒的斡旋下，總算進入東京下谷（現台東區）一家名為「好壽院」的私立醫學院旁聽。「好壽院」是當時日本民間唯一的醫學院。

這個時期，由於老家的生計不如從前，匯款

石黒忠悳。

不是很充分，不夠付學費，吟子只能一面打工當家庭教師，一面上學。

又因為老是遭到男學生的調侃和白眼，在醫學院的三年期間，吟子始終穿著窄袖上衣、男褲裙，腳上是一雙高齒木屐，並把頭髮捆起，打扮得和男學生一模一樣。

被前夫傳染的性病變成慢性病，她是在經常發燒和性病再三復發的處境下完成學業。

真正的難關在畢業後來臨。

要成為一名醫師，必須通過醫術開業考試取得國家執照。然而，當時的制度仍未准許女性應考。縱令吟子多次提交國家考試的申請書，也都以「女子不准應考」的理由被駁回。

身體本來就不結實的吟子，因心痛而瘦得像皮包骨。

吟子當家教的學生家長中，有一位名為高島嘉右衛門的實業家，是日後的日本「高島易斷」[3]創始人。他目睹吟子的辛勞，最後看不過去，用各種方法說服了當時的衛生局長，終於准許吟子參加考試。

明治十八年（一八八五），三十五歲的吟子總算考取了醫師執照。

日本第一位女醫師便如此誕生。

為了愛情，寧可拋棄名聲與事業

考到執照後，吟子立即在東京本鄉開了一家診所，生意很好。因為是極為罕見的「女西醫」，在當時膾炙人口，患者連日湧來，特別是婦產科患者，與日俱增。吟子又將診所遷移到下谷西黑門町，經營順利。透過《女學雜誌》等媒體極力宣傳，吟子不僅是女醫師，也成為響叮噹的知名人士。

她不但就任婦女團體的理事，也受明治女子學校聘為校醫，並在學校專任講授女子生理衛生的科目教學，甚至成為矢嶋楫子的婦人矯風會幹部。

倘若就這樣發展下去，即使醫業以失敗告終，吟子也能以婦女團體名士的身分獲得成功。但是，五年後，四十歲的吟子竟同一名年齡比她小的學生陷於戀愛關係，並與對方結婚。此後，吟子的命運便開始走下坡。

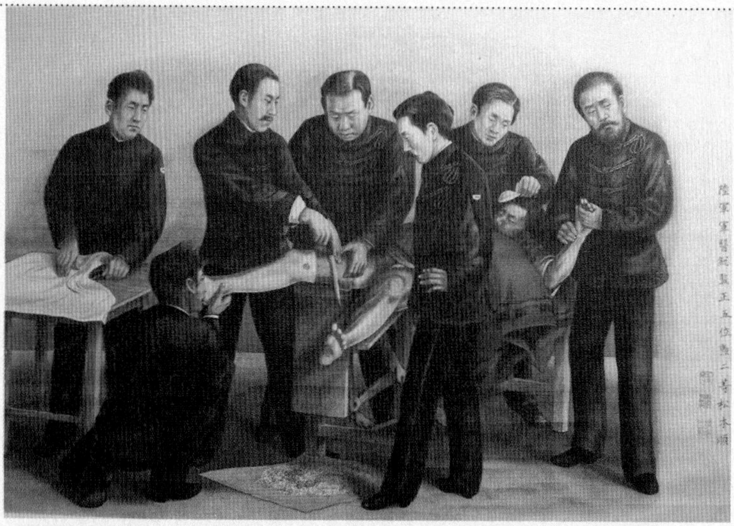

明治10年（1877）西南戰爭時，在大阪陸軍臨時醫院實施的下肢切斷手術繪。抬著腳的人是下士官，其餘都是軍醫。中央手持手術刀的人是石黑忠悳，當時任職軍醫監，亦是大阪陸軍臨時醫院院長。畫家是宮廷畫家五姓田芳柳（Goseda Houryuu, 1827-1892）。

晚年的荻野吟子。

之所以說吟子的醫業以失敗告終，是因為儘管開業當初受報紙和雜誌大加讚揚，上門來的患者很多，但當時沒有健保，中產階級以下的人通常不會找醫生看病。那個時代的人，生病時都找巫師或仰賴民間偏方，只有中產階級以上的人才付得起擁有國家執照的西醫的昂貴醫療費。

而付得起醫療費的人也信不過女醫，或許會因一時好奇而前往吟子的診所看病，但熱潮過後，他們又會回到由男醫師負責診斷的醫院。

總之，四十歲的吟子愛上一名二十六歲的同志社大學學生。

後列中央是志方之善，最左邊的是荻野吟子。

對方名為志方之善[4]，熊本縣人。在這之前，吟子已經接受基督教的洗禮，志方也是篤信的基督教徒，兩人談得攏。即便年齡相差很大，兩人仍不顧四周人的反對，毅然決然地結婚。

志方的夢想是在北海道創造一個理想村，終生為傳道而活，吟子也贊同了。

明治二十九年（一八九六），吟子拋棄醫院和社會地位，辭去學校的工作，並借了一大筆錢前往北海道。

埼玉縣熊本市荻野吟子出生地紀念館的銅像。

追隨丈夫的腳步遠渡北海道利別原野的吟子，在當地開了一家診所，並開辦主日學，生計很苦。

十一年後與丈夫死別，再次撤回東京，在江東區新小梅町開業。數年後的大正二年（一九一三），因腦充血而過世。享壽六十三。

葬禮時，女子師範學校的同窗和後輩女醫師，總計五、六十名出席悼念這位「風雪之人」。

高橋瑞子：為了生計當女醫師

荻野吟子基於拯救同性的使命感，立志當醫生，但第三號考取醫師執照的高橋瑞子則是為了生活而當女醫。

吟子披荊斬棘地為日本女性開了一條醫業羊腸小徑，擁有巾幗英雄氣魄的瑞子則將這條小徑開拓為人行道，讓後輩走得順利一些。

高橋瑞子的一生也很慘烈，可以說是一路浴血奮戰。

高橋瑞子。

嘉永五年（一八五二）出生於三河（愛知縣）幡豆郡的高橋瑞子，父親是在君主周圍擔任警衛任務的家臣精銳騎馬武士。九個兄弟姊妹中，她是最小的孩子，十歲時失去雙親，由長子夫婦撫養，自小便飽受欺凌，過著仰人鼻息的日子。

瑞子不同於吟子。她身材臃腫，眼睛和鼻子都很大，容貌近似男人，因此一直沒有人來提親，錯過了婚期。明治十年（一八七七）左右，住在東京的姑母收她為養女，讓她和養子結指。

姑母是財主，但非常吝嗇，經常虐待瑞子，甚至不給飯吃。瑞子忍耐了一年，終於出奔。

其實，在瑞子的一生中，到此為止的經歷完全沒有被證實。她自己於生前也不想說。一般說來，個性不輸男人且思想開放的女子，在獲得成功之後仍想隱藏自己的前半生經歷的話，表示那段經歷確實痛苦得令人說不出口。

與校長直接談判

總之，當時的女性若想自力更生，只能當產婆。瑞子透過相識的醫生介紹，於明治十二年（一八七九）拜津久井磯子[5]為師。津久井磯子是東京府立產婆教授所第一屆畢業生，當時擔任「群馬縣產婆會」會長，丈夫是產科醫生。

瑞子住進津久井產院拚命學習。磯子認為瑞子很優秀，個性又堅強，打算培育成自己的繼任者，幫瑞子出了學費，讓瑞子進入東京私立產婆學校「紅杏塾」[6]正式學習技術。「紅杏塾」的塾長是津久井磯子師事的產婆教授所的教授。

明治十五年（一八八二），三十歲的高橋瑞子自「紅杏塾」畢業，獲得產婆資格。但是，她在學習期間，將志願改為醫生。這是因為津久井磯子的丈夫是婦產科醫生，瑞子在津久井產院得知婦產科醫生和產院產婆的不同，並學習了二者的相異診療過程。

瑞子和其他兩名同樣立志成為醫生的女同窗，特地拜訪內務省衛生局長，懇求允許女性參加醫術開業考試。無奈當時仍未准許女性應考。荻野吟子是三年後的明治十八年（一八八五）通過考試，得到醫生執照。

高橋瑞子具有不怕失敗的行動力。她通過產婆的工作賺學費，不久住進西洋醫學家開辦的大阪醫院，接受內科、外科、婦產科的實地進修。不過，學費仍無法持久，只得再次返回群馬縣前橋掛起產婆招牌。

明治十七年（一八八四），荻野吟子通過醫術開業考試的前期考試，報紙爭相報導。瑞子的「紅杏塾」同窗之一雖然沒有考取執照，但也參與了考試。瑞子看了新聞報導後，馬上收起產婆招牌，動身進京。

可是，所有醫學院都不接受女子入學。

當時，東京本鄉有一所私立醫學院「濟生學舍」[7]，男子可以免試入學，女子不行。

瑞子心想，女子都可以參加國家考試了，為什麼沒有學校願意讓女子入學？只是，她不像吟子那般有高官人際關係，只能徒手空拳來個硬碰硬。她在校門前站了三天三夜，終於抓住校長長谷川泰[8]，與校長直接談判。

學校方面當然不可能立即允許女子入學，瑞子不屈不撓地再三催促，校長仔細考慮後，總算答應願意修改規則，好不容易才讓瑞子入學。此時的瑞子三十三歲。

「濟生學舍」創設於明治九年（一八七六），是日本第一家私立西醫醫學院。明治十

「濟生學舍」校長長谷川泰。

六年（一八八三）時，學生數增至四百八十四名；翌年三月，以「東京醫學專門學校濟生學舍」之名向政府申報並獲得官方承認，同年十二月，首次允許女子入學。高橋瑞子正是第一號女子醫學生。

之後，「濟生學舍」在十七年期間培育出一百三十名女醫。著名的畢業生有野口英世[9]（一八九七年畢業）、吉岡彌生[10]（一八九〇～一八九二在校）等人。直至停辦學校的二十八年期間，總計培育出約九千名的西醫。

賣被褥到醫院實地進修

瑞子千辛萬苦地進了醫學院，每當學費不足，她就利用原有的產婆職業幫人接生賺錢。其實這些都不算什麼，對瑞子來說，最痛苦的是男學生的妨害。每次進入教室，男學生就會全體用腳打拍子，再哄堂大笑。有時甚至在黑板公然寫上誹謗言詞。瑞子只能默默無言地承受一切屈辱。

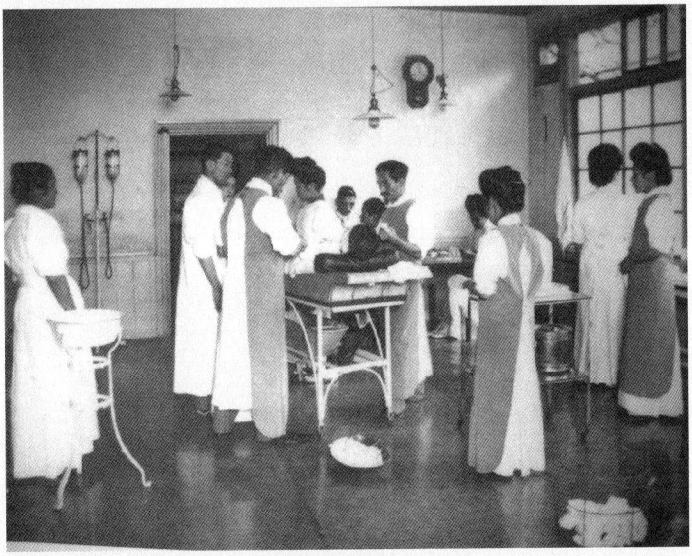
明治39年（1906）某礦山醫院的手術房。

由於授課老師都是兼職講師，早上六點就開始講課。為了確保好座位，學生必須在五點上學。瑞子通常在四點半起床，連照鏡子的時間都沒有，抓起裝著課本及筆記本的包袱，繫在脖子後便摸黑上路。她從上野步行到本鄉，通常第一個進入教室，坐在最前面的席位。

夜晚七點過後放學。放學後，不但要複習，還要做打工的代筆工作。睏了時，趴在桌子睡覺；醒來時，繼續啃書。

明治十八年（一八八五），瑞子通過醫術開業前期考試，但後期考試有臨床測驗，必須到醫院實地進修。幸好順天堂醫院院長的侄子住在瑞子寄宿處的隔壁，通過侄子介紹，瑞子去見了院長。

院長看到瑞子身上的襤褸服裝，當下就說「不用繳每個月的學費」，但希望瑞子繳納五圓，當作入學費。五圓大約是養蠶男工一個月的月薪。瑞子心想，反正夜晚幾乎不在被褥睡覺，於是賣掉家裡唯一一套棉被，繳納了入學費。

這個時代立志當女醫的女子，飽嚐了現代人無法想像的辛酸。據說，男學生往往獨佔解剖標本，不給女學生看，女學生只能在夜晚前往墳場，仰賴燈籠亮光或月光，搜集骨頭帶回家當作學習用的標本。

換言之，女醫候補者面臨的困難並非學習本身，而是周遭的惡劣環境。也因此，比瑞子晚四年畢業於「濟生學舍」的吉岡彌生，在明治三十三年（一九〇〇）創立了日後的東京女子醫科大學。

最後一滴血也奉獻給醫學

總之，瑞子於明治二十年（一八八七）三月，比荻野吟子晚了兩年，考取了日本第三號的女醫生執照。此時的瑞子，三十六歲。

考取了執照後，瑞子立即在日本橋魚河岸附近開業。她身穿繡著家徽的黑和服，肩上披著披風，女扮男裝地乘人力車出診。日本橋魚河岸那一帶是庶民商業區，居民都稱瑞子為「了不起的女醫師」。瑞子的身材本來就高大，確實很適合女扮男裝。

診所的經營還算穩定，可是，有一天，逐戶上門調查戶口的警察，以傲慢無禮的態度要求檢查執照。前面也說過，日本初期的女醫診所很難取得患者的信賴，瑞子大概也明白這點，於是決心出國留學鍍金。

三年後的明治二十三年（一八九〇）四月，她果然從橫濱啟程，前往德國留學。

然而，抵達柏林後，柏林大學也以「不收女子」為由拒絕瑞子入學。所幸寄宿處的女主人到處托人從中斡旋，最後以客座身分入學。瑞子在柏林大學努力用功學習，不料竟傷到身子而咯血，大約一年便又回國。

回國後，瑞子回到老地方日本橋再度開業。這回的頭銜不再是「了不起的女醫師」，而是「從德國歸來的女醫師」，身價百倍，不可同日而語。

據說，瑞子的診所經常收留著四、五名學生。由於瑞子個性勝似男子，既抽菸也喝酒，更愛下圍棋，因而學生並不限女子，男學生比較多。

在柏林大學以客座身分學習的高橋瑞子。

荻野吟子過世後不久，瑞子也賣掉醫院歇業了。歇業之前，她就經常說，「年紀大了後，很容易發生誤診，六十歲時，我要毅然退休」。瑞子說到做到，退休後的餘生都花在創作和歌等文學方面上。

昭和二年（一九二七），瑞子七十六歲時病逝。

她在生前便囑咐好友吉岡彌生，說死後將提供遺體當作醫學研究用。東京女子醫科大學果然按照遺囑解剖了瑞子的遺體，並將骨頭存放在玻璃櫃裡。

高橋瑞子於逝世後仍將自己的最後一滴血、最後一根骨頭都奉獻給醫學，不愧是位「了不起的女醫師」。

1 井上賴圀（Inoue Yorikuni, 1839-1914）。國學院設立者，國學院教授、女子學習院教授、東京帝大文學博士。

2 石黑忠悳（Ishiguro Tadanori, 1854-1941）。福島縣出身。確立日本軍醫制度的陸軍軍醫，子爵爵位。

3 易斷，以中國《易經》為理論基礎排算出的易卦。

4 志方之善（Shikata Yukiyoshi）。

5 津久井磯子（Tsukui Isoko, 1829-1910）。

6 紅杏塾（Koukyou Zyuku）。塾長是東京醫學校（東京大學醫學系）第一屆畢業生櫻井郁二郎（Sakurai Ikujirou, 1852-1915），群馬縣人，產科婦人科研究院創立者。

7 濟生學舍（Saisei Gakusya）。創立於一八七六年，是日本歷史最悠久的西醫學校，現在的日本醫科大學前身。

8 長谷川泰（Hasegawa Tai, 1842-1912）。新潟縣人。幕末時期為越後長岡藩（長岡市、新潟市）軍醫，明治維新後創立「濟生學舍」。曾任內務省衛生局長、眾議院議員。

9 野口英世（Noguchi Hideyo, 1876-1928）。福島縣出身。日本醫學士、細菌學家。一千日圓紙幣肖像。

10 吉岡彌生（Yoshioka Yayoi, 1871-1959）。靜岡縣出身。教育者、醫師。東京女醫學校、東京女子醫學專門學校、東京女子醫科大學創立者。

PART 3——明治新女性

下田歌子——日本明治時代宮廷的紫式部（Shimoda Utako，一八五四～一九三六）

縱橫捭闔一女傑

在日本女性史中，鮮少見到如下田歌子這般具有非凡器度的女人。

下田歌子。

雖然不知真偽，她的男性關係也始終是眾矢之的，而且以明治政府的大臣元老為首，這些男性均為當時的第一流大人物。換個角度來說，她是個和當代眾多傑出男人站在同一個舞台上，對等地逐鹿爭霸的女傑。

或許她只是夾在眾多狡猾的宮廷政治家中，利用了這些當代第一流男性，縱橫地施展她的才幹而已。但是，她是個美麗的女中丈夫倒是事實。

歌子完成的第一件偉業，是確立了嶄新的明治宮廷皇族、貴族的子女教育。當時的明治政府新體制，基礎軟弱，為了讓國民理解何謂「中央集權」，最迫切的任務就是抬高皇室以及守護皇室的貴族階層的權威。這種權威不能空有威勢，必須伴隨實力。

明治時代初期的女子教育理念確實令人欽佩，但民間沒有任何人將此理念與培育皇族、貴族子女的必要性結合一起。歌子精彩地完成了這項重要事業。

之後，歌子前往歐洲留學兩年，親身體驗了民主主義世界的女性實力。她得天獨厚的資質之一正是強烈的感受性、觀察力以及吸收能力，因此，皇室中心主義的她雖然無法理解何謂民主主義，但她看清了協助男性支撐西歐先進社會的女性能力源泉。

那正是提高女子的教育水平，讓女子的才智及行動力也發揮在社會生活中。歌子不但明白了女子能力是改善社會的要素之一，也領悟到在加強國力發展方面上，女子能力很重要這件事。

站在現代女子的立場來看，可能會覺得這麼個具有多項天資的女子，終生只為皇室賣力，似乎很可惜。然而，我們也必須考慮到時代背景。

我個人認為，若沒有下田歌子這位全心全意為皇室盡力的人物，明治政府可能無法立足。

正因為歌子發現女子教育水平對國家的發展非常重要，於是在後半生將所有精神傾注於中產階層老百姓的子女教育，她這個著眼點確實超群出眾。可是，她一生的事業始終環繞在以皇室為中心的國家。

生前的歌子享有一般女子做夢也夢想不到的讚美與羨慕眼光，但也飽嘗了指責攻擊。這大概是她的宿命。

畢竟無論少女時代或明治宮廷的女官時代，君臨貴族女子學校的時代或與宮廷政治家的交流時代，甚至是後半生經營實踐女子學校的大眾教育家時代……她在每層斷面舞台都發揮了其天賦的才智，演出令人瞠目結舌的精彩場面。

小時了了，大定必佳？

下田歌子，幼名平尾鉐[1]，安政元年（一八五四）舊曆八月於現在的岐阜縣惠那郡岩村町出生。明治五年（一八七二）十八歲時入宮當女官，不久，在宮中作的一首和歌受皇后賞識，被賜予「歌子」之名。

二十五歲時與下田猛雄[2]結婚，改姓「下田」。

她父親是統治岐阜縣岩村周邊的岩村藩藩士，家裡有個小她六歲的弟弟。父親是藩中的激進尊王派。安政五年（一八五八），幕府鎮壓尊王攘夷派的「安政大獄」時，她父親也遭牽連，被處蟄居幽閉刑。

當時大約五、六歲的歌子，拚命儲存小孩玩具的一分銀和二分金，祖母發現此事，責備她「身為武士的女兒，不該玩蓄錢遊戲」。歌子竟回說，「我打算將這筆錢送給官員，請他們饒恕父親的罪」。

長州毛利大膳家臣吉田松陰，安政大獄中遭死刑。

原來歌子聽了其他大人說「即便是性命，只要有錢，什麼都好辦」的話，才興起存錢的念頭。雖然存的是小孩玩具，但由此也可看出她在五、六歲時便已有精明能幹的兆頭。祖母教訓她，向官員行賄是不正當行為，並沒收了她辛辛苦苦存下的錢。

歌子是個勝似男子的女孩。她在某些猛將名將傳記中，讀到「小時候就習慣提沉重東西的話，長大後可以成為大力士」這段故事，竟每天躲在神社後練習拋石頭。待她漸漸能投擲大石頭時，某天，朝豆旱田扔出一塊石頭，折斷了樹枝，遭田主追趕，在灌木叢中落荒而走。她日後說，想成為大力士的目的，是考慮到如果蟄居中的父親遇險，她可以用自己的力量拯救父親。

六歲那年春天，歌子央求母親給她做五月男兒節的鯉魚旗幟。她向母親訴說想成為男人。母親告誡她，「女人也可以如男人那般成為優秀、受人尊敬的人」，聽了母親的訓斥，她開始致力勤學。

當時的平尾家窮得三餐只能吃醬菜和土豆，靠變賣家當過日子。歌子正是在這種環境下沉緬於閱讀。《四書五經》、《水滸傳》、《太平記》……家裡有什麼書，她就讀什麼書。只要看她在六、七歲時作的和歌或漢詩，即能明白她確實是個聰慧早熟的孩子。

例如五歲時作的五言詩：

無聲雨若絲
春晝溼若枝
默坐閒亭上
窗間啼鳥窺

七歲時作的五言詩〈元日口號〉：

爆竹喜春來
寒宵滿壽杯
今朝歡不極
旭日發芳梅

九歲時作的七言詩〈春日野望〉：

野望山櫻處處同
晴郊水遶柳橋東
春光暖氣多鶯語
小徑人家杏靄中

在內行人看來，或許詩詞還很幼稚，但六、七歲的女孩竟然具有這種程度的情操，並能羅列出這麼多筆劃繁冗的漢字，難怪會被視為神童。

幽閉中的窮武士家庭，夜晚也要紡紗輪。歌子通常把書擱在膝上，一邊操縱紡車一邊閱讀，且紡出的線量並沒有落後於其他人。

窮武士家裡之所以會有這麼多書籍供女孩子閱讀，是因為歌子的祖父是著名的漢學者東條琴台[3]。祖父知道孫女的才能與學識後，曾忠告歌子的父親說：「女孩子要有女孩子的樣，讓她去學炊事打掃的家事。」

幸好祖父是個卓識博聞之士，日後也成為歌子的學問老師，但他經常留心不將歌子教育成不像女子的女子，甚至親自上街買化妝白粉給孫女。

宮廷頭等才智派女官

明治三年（一八七〇），歌子的父親及祖父獲釋，父親受新政府招聘，前往東京就任神祇

宮廷女官的服裝。豐原國周（Toyohara Kunichika, 1835-1900）畫，《傳聞民之喜》（西南戰爭）。

官宣教使。翌年春天，虛歲十七的歌子也帶著一名老僕人和一名年輕女傭上京。

從岐阜縣岩村出發，整整花了十四天才抵達東京。

歌子與父親和祖父同住在位於鍛冶橋內（現東京千代田區）舊藩主宅邸內的家臣大雜院。生計依舊很苦，歌子必須利用閒暇做風箏彩畫的家庭副業，據說這時的她經常一邊做工一邊大聲朗讀《左傳》。

第二年的明治五年（一八七二）十月，十八歲的歌子經由和歌老師的推薦，成為宮內省第十五等最低階層的女官。

以歌子的出身門第，即便是最低層，也絕無可能進宮當女官。湊巧當時宮廷為了打破舊規，廣泛招募新人，不僅朝臣、大名出身的女子，諸藩士族家庭的女子都可以應試。進宮後不久，皇后出題讓新人作和歌，結果看中了歌子的和歌才華，賞賜「歌子」這個名字。

宮中有一種根據敕題當場吟詠和歌的智能遊戲，類似現代的電視猜謎節目。有一次，敕題是古今東西賢人偉人的名字。名字接二連三被報出，女官得當場吟詠與該人有關的和歌。

舉例來說，孔子七十二門徒之首、孔門十哲中德行科之一、「一簞食，一瓢飲，在陋巷，人不堪其憂，回也不改其樂」的顏回。

歌子聽了名字，立即用五、七、五、七、七字句型吟詠了「比起薪柴煙經常斷絕，從屋檐縫隙射下的月光更冰冷」之意的和歌。意思是，顏回住在屋瓦毀損的破房子內。

敕題是「拿破崙被流放至厄爾巴島時的心境」時，歌子照樣以山崗、海浪等字詞比喻出拿破崙東山再起的決意。

當場作和歌已經很不簡單，還要用和歌猜謎，難度超高。

光看上述兩道謎題便能明白歌子不但博覽古今，亦極為聰明靈敏，也能看出她的天性。也就是說，以歌人的立場來看，才華優於藝術性；以教育家的立場來看，現實性的領導能力勝於思想。

歌子進宮前，祖母僅告誡她一句「記住，臉上要經常掛著笑容」。日常生活中要持續保持笑容是一件很難辦到的事。歌子於晚年曾述懷說，在宮中那種複雜的人際關係中，要經年掛著一張笑臉比登天還難。不過，意志剛強的歌子辦到了。

進宮數個月後，歌子被任命為「御書物掛」，用現代用語來說，就是宮廷圖書館員，這是一種專業職位，工作內容與只是管理書籍的圖書管理員完全不同。兩年後，成為皇后的親信侍立，不但陪同皇后聽進講，也伴隨皇后出行各種與教務有關的活動。

歌子二十一歲時，破例晉升為「權命婦」。明治時代的日本皇宮大約有二百名女子服侍，其中，高等女官十三名，可以陪侍在天皇、皇后身邊的「命婦」與「權命婦」計十名。可見歌子在宮內的地位有多高。

設立「桃夭女塾」

明治十二年（一八七九）十一月，歌子為了結婚而辭職。大部分日本女性史研究專家都認為這樁婚事是歌子一世一代的失敗。

對方名為下田猛雄，是名劍客，但不歸屬正統派的千葉周作[4]之「北辰一刀流」或山岡鐵舟[5]之「無刀流」，算是孤狼劍客。

據說個子很矮，腰上經常佩帶一把二尺三寸（約七十公分）的直劍，與人比劍時，高來高去，令人眼花繚亂，是一名劍術不合規則的武藝者。而且酗酒、耍酒瘋，結婚時已經患上可能是胃癌的嚴重胃病。

無人知曉歌子為何會和這種男人結婚。只知道歌子的父親在下谷警察署講授《論語》時，下田猛雄也在警察署教授劍術。即便是明治時代初期，以歌子的身分背景和個性來說，她絕非奉父親之命而結婚，很可能是自由戀愛。

直至明治十七年（一八八四）與丈夫死別為

山縣有朋。

止，歌子的婚姻生活持續了五年。

歌子辭官後，曾經在宮中見識過歌子的美貌，並極為賞識歌子的才智的明治政府高官，例如伊藤博文、山縣有朋[6]、佐佐木高行[7]、土方久元[8]、井上毅等維新功臣，都很惋惜歌子的引退，絞盡腦汁試圖讓她復出。

當時，令上述那些官員最頭痛的問題之一正是女子教育。歌子退出宮廷後，經各位官員勸說，於明治十四年（一八八一）在自宅開設了「桃夭女塾」，專門教育貴族夫人及其女兒。

歌子於婚後為了照顧病重丈夫，生計相當困苦，這家私塾的收入恰好可以維持歌子的婚姻生活。

「桃夭」這兩個字取自《詩經・周南・桃夭》的「桃之夭夭，灼灼其華」。「夭夭」是少好之貌，「灼灼」是華之盛也；意指年輕貌美的女子。「桃夭女塾」正是「新娘學校」。

經營「桃夭女塾」是下田歌子成為日本女子教育界第一把交椅的起動。伊藤公爵夫人、山縣公爵夫人以及其他伯爵、侯爵、子爵夫人都是她的學生。授課內容除了歌子終生最拿手的《源氏物語》，還有國文、漢學、修身、習字等。對年輕女子學生則講授《徒然草》、《古今和歌集》等。

講課時，歌子通常將頭髮梳成橢圓形髮髻，身穿當時居流行首位的黃色條紋或格子花樣和服，再繫著一條表裡不同花色的腰帶。由此可見，歌子即便處於家裡有個臥病丈夫和生計貧困的境遇，仍不忘讓自己看起來高貴、美麗。

井上毅。

明治十六年（一八八三），宮中第一次亮起電燈，亦是「鹿鳴館時代」拉開帷幕之年。皇后計劃創辦貴族女子學校，遣人來問歌子是否有意參與，歌子卻以丈夫病重為由婉拒。翌年五月，丈夫病逝，歌子三十歲。

大約在這個時期，日後的「女子英學塾」創立者的津田梅子通過伊藤博文的介紹，一面在「桃夭女塾」教英文，一面跟著歌子學日語。津田梅子是日本最初的女子海外留學生之一，滿六歲時赴美，在美國生活了十一年，剛剛回國。由於她在女性人權已經確立的美國成長，無法適應女性地位極低的日本生活，正陷於深刻的文化衝擊苦惱中。

日後，歌子在貴族女子學校擔任幹事兼教授，梅子是教授候補，不過，兩人之間的關係似乎不怎麼親密。這也難怪，津田梅子在美國成長，是受過洗禮的虔誠清教徒，歌子雖是天皇中心主義的純粹日本人，但她類似希臘神話中的女神，這兩人即便並非水火不容，應該也像油和水那般不易相容。

丈夫過世兩個月後的七月，正在準備創辦貴族女子學校的宮內廳，以年薪一千日圓聘請了歌子。由於是異乎尋常的女子高薪，此事在當時甚至成為新聞話題。雖然這是明治政府為了振興女學的人事政策，卻明顯是破例的提拔。自此以後，歌子和宮廷政治家之間的八卦醜聞逐漸流傳於街頭巷尾。

貴族女子學校是宮內廳管轄，當時的宮內卿是伊藤博文，而歌子的強力後盾正是皇后。

「葡萄茶式部」鼻祖

明治十八年（一八八五）十一月，貴族女子學校舉行開學典禮，皇后也出席了。新校舍位於四谷仲町，現在的迎賓館（赤坂離宮）正門前附近，學生數一百四十三名。英語教師津田梅子正是在這時期，留下對貴族子女的無精打采、無能感到驚訝並憤怒的記錄。

總之，歌子讓女學生穿褲裙和西洋鞋子，在當時轟動一時，並成為「葡萄茶式部」鼻祖，名垂日本風俗史。

所謂「葡萄茶式部」，意味上半身穿傳統和服，下半身穿葡萄茶色（絳紫色）的褲裙和西洋鞋子，接受高等教育的女學生。現代的日本女子大學生於畢業典禮時也習慣如此穿，「式部」則為日本平安時代的紫式部。

歌子擔任教授兼學監，也就是校長。她被形容為「像馬車的馬那般勤奮」，也被形容為果斷得「像個男人」。其實她是個和多數政界顯要都有曖昧關係的「女人中的女人」，只是擅長策略這點就真的「像個男人」吧。

與歌子縱橫交流的掌權者，都是出身於下級武士家庭，平安通過明治維新混亂時期的幹將。歌子也是小藩下級武士家庭的女兒，憑自己的實力爬至高階。基於這個共同點，於公於私，雙方的思維方式和行動手段自然而然會步調一致。

「桃夭女塾」關閉後，學生轉學至貴族女子學校。

歌子除了應付繁忙公務，更於明治二十年（一八八七）完成九冊構成的《國文小學讀本》大著述。伊藤博文打算推薦給文部省當作國家公認課本，卻因趕不上官方指定的出版時期而無法成為公認課本。這套課本的特色是基本單詞——例如「男人」一旁加上「Man」的英文。此卓見可能是歐化主義者伊藤博文的構思。

明治二十一年（一八八八），歌子三十四

歲。這時期開始，歌子在講壇上授課時都打扮成「大垂髮」，也就是日本平安時代的貴族女性髮型。根據她的傳記，「在下田老師的一生中，這時期的老師，姿容端麗、美得極限」。

可是，「美得極限」的歌子，身後竟隱藏著令人難以置信的債務問題。

最初原因來自《國文小學讀本》，她本來打算將出版業務交給弟弟當作事業，無奈沒能取得文部省認定，欠下兩萬日圓債務。之後，她雖然成為日本女性最高薪資者，另有皇族的家庭教師、演講報酬、著述等收入，卻不知怎麼回事，她終生都負債累累。

前往英國留學

明治二十二年（一八八九），貴族女子學校移至永田町的新建校舍。政府給予歌子一幢宏偉官邸。當時連學習院院長也沒有官邸，明顯是特殊待遇。

《東京華族學校學習院宴會之圖》，楊洲周延（Yō shū Chikanobu, 1838-1912）畫。

伊藤博文在當時任第一代樞密院（天皇的諮詢機構）議長，但樞密院和歌子的閨房竟然毗鄰，之間沒有籬笆，此事成為街談巷議的熱門話題。其實和歌子有緋聞八卦的高官男性多達十名以上，只是，當時與今日不同，完全無視人權和隱私，謠傳不可盡信，但這些緋聞似乎也非憑空杜撰。

這一年，政府頒佈憲法，翌年（一八九〇）又發布「教育敕語」。「教育敕語」是明治體制下的國民道德大本，也是戰前日本教育的主軸，日後的朝鮮教育令、臺灣教育令等均一體

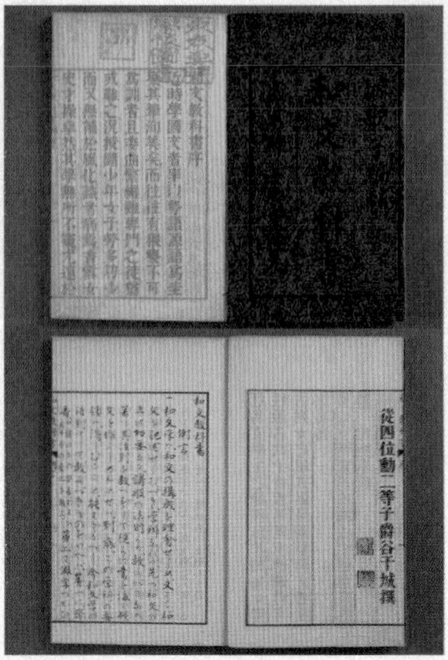

下田歌子的《和文教科書》。

《憲法發布略圖》，楊洲周延（Yō shū Chikanobu, 1838-1912）畫。

適用。起草人是山縣有朋內閣的長官井上毅等人，歌子也是起草人之一。

貴族女子學校在歌子的精明手腕下順利被運營，但另一方，她的債務愈滾愈大，高利貸甚至追債到學校和永田町的官邸。不過，據說，討債的人都被她的伶牙俐嘴給擊退。

這些債務的肇事者均為歌子的弟弟。這個弟弟，曾經以詐騙他人財物的罪名被拘留半年，最後因證據不足而赦免。歌子在英國留學的兩年期間，也不知她弟弟做了什麼壞事，回國後不久，她在永田町的官邸即遭扣押，所有財產都被拍賣掉。

明治二十六年（一八九三）九月至二十八年（一八九五）八月的兩年期間，歌子赴英留學。出發那年的四月，皇太子（大正天皇）的教育主任佐佐木高行在日記中留下一段讓歌子

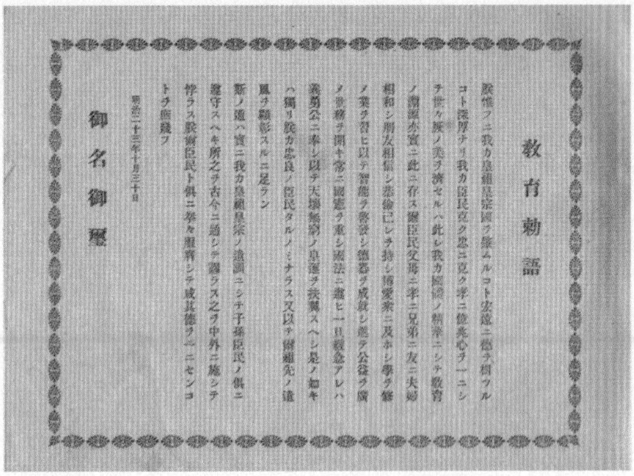

教育勅語

朕惟フニ我カ皇祖皇宗國ヲ肇ムルコト宏遠ニ德ヲ樹ツルコト深厚ナリ我カ臣民克ク忠ニ克ク孝ニ億兆心ヲ一ニシテ世世厥ノ美ヲ濟セルハ此レ我カ國體ノ精華ニシテ教育ノ淵源亦實ニ此ニ存ス爾臣民父母ニ孝ニ兄弟ニ友ニ夫婦相和シ朋友相信シ恭儉己レヲ持シ博愛衆ニ及ホシ學ヲ修メ業ヲ習ヒ以テ智能ヲ啓發シ德器ヲ成就シ進テ公益ヲ廣メ世務ヲ開キ常ニ國憲ヲ重シ國法ニ遵ヒ一旦緩急アレハ義勇公ニ奉シ以テ天壤無窮ノ皇運ヲ扶翼スヘシ是ノ如キハ獨リ朕カ忠良ノ臣民タルノミナラス又以テ爾祖先ノ遺風ヲ顯彰スルニ足ラン

斯ノ道ハ實ニ我カ皇祖皇宗ノ遺訓ニシテ子孫臣民ノ倶ニ遵守スヘキ所之ヲ古今ニ通シテ謬ラス之ヲ中外ニ施シテ悖ラス朕爾臣民ト倶ニ拳々服膺シテ咸其德ヲ一ニセンコトヲ庶幾フ

明治二十三年十月三十日

御名御璽

教育敕語。

教育敕語的十二德。

赴英留學的真正目的之記述。內容大意如下：

> 進宮謁見上奏（明治天皇），眼下最大的憂慮是皇太子殿下的皇妃、皇女教育一事。下田歌子至今仍未去過歐洲，信用很薄，世間人都極為愚蠢，明明具有充分的學問，但倘若從未去過歐洲，便會遭蔑視，只要陛下命下田歌子出遊一年，事情便能順利完成。陛下回說，有道理，不出國，便得不到信任。雖很愚蠢，世情如此，不得已……

這段忠臣與明治天皇的對話很有趣。意思是當時對從未出國留學鍍金的人不予信任，所以忠臣建議天皇命擔任皇家女子教育的歌子出國，天皇也認為有道理。那時，皇太子妃的候選人有兩人，其中之一正是日後的大正貞明皇后九條節子[9]。這兩位皇太子妃候選人，都是明治天皇的內親王玩伴之一，經歌子觀察後再被選出。

明治33年（1900），皇室御尊影。明治天皇、皇后與皇太子（大正天皇）、皇太妃（貞明皇后、九條節子）。

留學英國後的收穫

歌子辭去學監職位，以教授身分經由巴黎抵達倫敦。她在英國看到英國孩子體格健壯，初步教育雖比日本易學，但十四、五歲時的知識則遠遠勝過日本孩子。也在英國見聞了中產階級及其下階級的子弟教育，以及強勢的英國女權，這些都給她帶來很大影響，亦是最大收穫。

換句話說，這兩年的留學期間，是歌子於日後創設帝國婦女協會、愛國婦女會、實踐女子學校的源頭。

明治二十八年（一八九五）五月，歌子總算完成謁見維多利亞女王的目的。這一年三月，日本在甲午戰爭取得勝利。歌子打扮成平安時代的王朝女官艷麗模樣，與英國貴族婦女的禮服對抗。

《倫敦時報》描述歌子為「戰勝國的女性的傳統盛裝」。之後，女王又召見歌子共餐。在此，歌子也達成了瞭解英國宮廷的公主教育內情之目的。

歌子是三十九歲至四十一歲赴英留學。這期間，她和同樣在英國留學的某位政治家志願的青年也傳出艷聞。據說歌子的英國調查研究事項報告書，正是這個才華橫溢的青年寫的。

同年八月，歌子回國，重回貴族女子學校。

歌子雖然在英國度過兩年，卻沒有成為歐化主義者。她曾說，「最可怕的東西，是西方人的內心」。但她的國粹皇室中心主義，卻也是她身為教育家的最大阻礙。不過，這是另外一個問題，我們先來看看她回國後展現出的驚人能力。

回國後，歌子不但再度擔任貴族女子學校學監，也負責教育明治天皇的第六、第七皇女。她寫的皇女教育建議書中有一段：

> ……女子的性質，生來單純，氣量狹隘。因此一旦染上某物，她對物事的看法均深受該物顏色的影響，其色濃厚且深沉，很難消除擺脫。正因為如此，無論哪個國家，女子均猶如該國的敬神觀念，猶如該國的宗教情操，比男子敦厚且堅固。故，女子實為國家的母親。女

明治30年代中期左右，推測是帝國婦人協會會員，第一排左起第五位是下田歌子。

子能造福人民，女子能增長國家利益……

歌子以雄勁文筆寫出女子教育的精神、日本皇室的女子教育現狀、歐洲王室的女子教育現狀、日本女子教育的將來以及皇女的家庭教育等項目，並一針見血地點出日本皇室、貴族子女的懦弱，毫不妥協地向皇室提出改善計劃。

她在第一句便把天下所有女子斷定為「生來單純，氣量狹隘」。

我想，這應該不是出自她的傲慢，而是自信。她的自信來自她出眾的能力與傑出的經濟能力。她身為教育家、皇家女子家庭教師，但在私生活卻經常成為眾口交攻的對象……這個矛盾之處，可能正因為她認為自己並非「氣量狹隘的單純女子」，並非「一旦染上某物，便很難消除擺脫其色的女子」。

一般女子只能按自己有限的能力去製作平面的人生設計圖，但歌子與眾不同。她認為自己可以製作更複雜、更具多面性的立體的人生設計圖。而她的實際人生也確實活得與一般女子迥然不同。

正是這一年的除夕，位於永田町的歌子的官邸，遭官吏扣押，全財產被封印，並在當日付與拍賣。

因次日是元旦，歌子只得趕忙叫來木匠做了板牆，貼出接受拜年的臨時地址應急。她是日本女子最高所得收入者，也很會籌錢。十多年前的鹿鳴館時代，她曾一手主持籌劃海防費募款活動，當時籌到二百一十三萬日圓的莫大捐款，讓世人大吃一驚。卻不知為何，終年老是被債務本追趕。

回國後第三年的明治三十一年（一八九八）十一月，歌子將在英國留學期間構思的大眾婦女啟蒙運動付諸實施，創設了帝國婦女協會。她自己擔任會長，但因為在英國目睹王室與國民大眾的親密關係，打算在日本也實現此目標，於是讓皇族當總裁。

理想與現實

明治三十二年（一八九九）四月，作為帝國婦女協會事業的一環，歌子在往昔「桃夭女塾」所在的麴町，創設了實踐女子學校和女子工藝學校，自己當校長。

此外，她另有專門讓窮人家子女上學的免費慈善女子學校、女傭培育所、女子商業學校、女工訓練班、護士訓練班等計劃，可惜大部分都無法實現。

女傭培育所是想給下女一個職業性的社會地位，培育出家務專業人士，這著眼點其實非常好，遺憾的是，歌子的思想太前進，社會跟不上，沒有人應募。實踐女子學校的目的也是讓中產階級以下的子女入學，但這邊也召募不到平民學生，變成中等富裕層以上的學校。這些都令歌子大為不滿。

學校校舍最初很簡陋，不但屋頂漏雨，路人甚至可以從窗外觀看教課情景。津田梅子也在

實踐女子學校最初的制服。

一年後開設了女子英塾，校舍也是簡陋得被世人稱為鬼屋，經營得很辛苦。梅子終生都為了經營學校而吃苦，最後還仰賴美國人的善意才得以持續。

但，歌子不同。

歌子在明治三十五年（一九〇二）向宮內省借用了澀谷常盤松御用牧場的二千坪（約六六〇〇平方公尺）土地，並於翌年蓋了新校舍。

她在宮廷、政界的勢力和巧妙的處世哲學，實在令人瞠目。單單說她精明能幹，似乎嫌不夠，畢竟她懷有教育家應有的熱情與理想，最重要的是，她還能將自己的理想具體化，幕後的勤奮努力肯定非一般女子所能想像。

只是，歌子的教育理念始終停滯在「為皇室、為國家」這點，沒有展開至更高階的「為女權、為人類」，因此才會隨著時代的變遷而遭淘汰。例如於明治三十四年（一九〇一）創立日本女子大學的成瀨仁藏[10]，正是以「作為人、作為國民、作為女人」為創校宗旨。

不過，歌子的理念即便遭淘汰，在鞏固天皇主權體制的明治時代，確實是最適合時代，也

創立日本女子大學的成瀨仁藏。

是最有用的邏輯，所以歌子在當時始終受到尊重，既成功，亦安泰。

明治三十七年（一九〇四）以後，實踐女子學校迎入眾多清國人留學生。歌子在畢業典禮向這些清國人留學生進行告別演講時，說「突然到外國留學，目睹外國人的自由生活態度後，一不小心便會成為激越的民權主義者，好不容易才學成的學問，也會在形式上成為招引亂臣賊子的危險工具」。

也就是說，無論針對日本人或清國人，歌子的教育宗旨始終不離體制。她想教的不是人權亦非個人自由，而是如何將個人的能力奉獻給體制。儘管如此，實踐女子學校的清國人留學畢業生中，依舊出現了一位提倡女權，三十一歲時被處以斬刑的近代民主革命女志士——秋瑾。

明治三十九年（一九〇六）四月，學習院與貴族女子學校合併，歌子被任命為學習院教授兼女學院院長。她本來反對合併，因聖旨已定，無可奈何。

明治四十年（一九〇七）十月，乃木希典大將就任學習院院長，同年十一月，五十三歲的歌子辭去女學院院長職位。由於兩人都是當代頭號知名人物，世間流傳各種臆測，成為熱門話題。

昭和十八年（一九四三）刊行的《下田歌子先生傳》（已故下田歌子先生傳記編撰所），收錄了歌子寫的一篇〈余辭職始末〉起首部分。編者以「因顧慮到相關人物」為由，沒有

秋瑾。

學習院院長乃木希典大將。

刊載出全文，因此歌子為何辭去院長職位的理由，至今仍真相不明。

一般說法是強硬派的乃木大將為人剛毅正直，很討厭與「妖婦」傳言分不開的歌子對社會的影響，為了學習院的風紀，斷然罷免了歌子。

宮中妖婦

歌子辭去女院長職位這一年，《平民新聞》刊出暴露歌子私生活的連載文章。

《平民新聞》是幸德秋水[11]等人為了鼓吹社會主義與反戰論而發行的正經報紙，不知怎麼回事，歌子的八卦連載文章的內容竟鄙俗不堪。而且，歌子在設置學習院女學院之際，開除了十數名教師，這些教師竟聯手向報社投出惡意攻擊歌子的文章。

標題為〈妖婦下田歌子〉的八卦文章自明治四十年（一九〇七）二月二十四日開始連載。

幸德秋水等人於同年一月十五日創刊《平民新聞》日報，除去創刊號，報紙計四頁，紙面規格大小與商業新聞相同，通過多元化的文章致力宣傳社會主義。

〈妖婦下田歌子〉從該報第三十三號起，連載至四月十三日的第七十四號，總計四十一次（途中停刊一次）。因該報遭受禁止發行處分，次日的第七十五號變成最後一號，而最後一號的報紙刊載了標題為〈斷送下田歌子〉的文章。

大正5年（1916）左右的下田歌子。

這份報紙拿下田歌子當開刀對象，主要目的是「對逐漸侵蝕眾多平民女子的虛榮心的化身下田歌子，投下文字炸彈，虐殺她的精神」。鑑於《平民新聞》的出版目的，可以看出報社打算通過暴露在宮中擁有勢力的下田歌子的隱私，攻擊當時的統治體制。

在連載文章中登場的人物，以伊藤博文、山縣有朋、大隈重信、井上馨[12]、三條實美[13]等元老級為首，另有第二任宮內大臣、第二任農商務大臣的土方久元，以及國學者、學習院大學部教授、文學博士的物集高見[14]等人，可以說將各界所有領導人物一網打盡。

而且，在最後一篇〈斷送下田歌子〉文章中，還列出今後將施加筆誅的名單。不用說，名單中的人物都是宮中、政府內外、學界、報界要人。文章筆者向讀者呼籲，下田歌子正是和這些人物有肉體關係，才會在統治者層中具有一股不可忽視的潛在勢力。

總之，人哪，知名度愈高，非難聲也會隨之愈大。不僅《平民新聞》報導的人物，歌子和當時被稱為「日本的拉斯普丁[15]」的新興宗教家飯野吉三郎[16]的醜聞，也幾乎無人不知、無人不曉。

難道，教育家的功績是虛像，淫亂的私生活才是實像？或者，反之？連第二次大戰後的日本女性史研究專家也對下田歌子敬而遠之，不予置評。

不過，她的存在確實讓許多人感受到宮廷和統治者層的陰暗面。就這點來說，下田歌子的確扮演了一個極為有效的角色。

77歲喜壽時的下田歌子。

乃木大將有意罷免歌子這件事是事實，文部大臣牧野仲顯[17]所留下的日記已證實了這點。但是，真相或許隱藏在深不可測的宮廷政治謀略底層。

當時，山縣有朋的勢力超過伊藤博文，宮廷內演出一齣陰險的霸權交替大戲。或許，是新勢力嫌棄知道過多宮廷政治內情的歌子，故意排除了這位「宮中妖婦」。

乃木大將忠厚老實，他根本不會耍政治手腕，應該很容易被人當作棋子。而下田歌子早在十多年前於自英國返回的船中寫了一封信給宮內大臣，表達辭職之意。因此，歌子應該不留戀女學院的職位，但依她的性情來看，被人背叛，想必非常生氣。而且氣得在前述的〈余辭職始末〉中暴露出某些令編輯不敢收錄的真相。

歌子的晚年

昭和六年（一九三一），歌子接受了乳腺癌手術。

昭和十一年（一九三六）年初，乳腺癌擴散，導致歌子的右臂無法動彈。右手不行，她就開始用左手習字。

七月十一日住院，二十四日出院，八月十一日到學校上班。新學期開始後，她又於九月十日至二十八日站在講壇上授課。

十月八日，下田歌子結束了她那燦然的一

生。享壽八十三。

歌子比明治天皇小兩歲，是同時代的人。

明治天皇實現了宣佈五條御誓文、完成維新、公佈憲法、召集議會、頒佈教育敕語等萬般新制度，確立了中央集權國家的基礎，並在兩次戰爭中大勝，執行日韓合併，帶領日本獲得空前的發展。

這是個奇蹟的時代。

或許，歌子在無意識中對明治天皇產生連帶感，並堅信明治天皇和日本帝國會走向成功之路，因而才會如此虔誠地忠君愛國吧。

她，並非妖婦，只是個——純粹的明治女人。

位於東京文京區護國寺的下田歌子的墳墓。

1 平尾釮（Hirao Seki）。

2 下田猛雄（Shimoda Takeo, ?-1884）。

3 東條琴台（Toujou Kindai, 1795-1878）。東京人。江戶後期至明治初期的儒學者、雜學者。

4 千葉周作（Chiba Syusaku, 1793-1856）。岩手縣人。劍術家，北辰一刀流創始者。

5 山岡鐵舟（Yamaoka Tessyu, 1836-1888）。東京人。幕末時代是幕府幕臣，維新後成為政治家、思想家。一刀正傳無刀流創始者。子爵爵位。

6 山縣有朋（Yamagata Aritomo, 1838-1922）。山口縣人。日本陸軍之父，第三、九任日本內閣總理大臣，公爵爵位。

7 佐佐木高行（Sasaki Takayuki, 1830-1910）。高知縣出身。第五任工部卿。侯爵爵位。

8 土方久元（Hijikata Hisamoto, 1833-1918）。高知縣出身。第二任宮內大臣、第二任農商務大臣。伯爵爵位。

9 九條節子（Kujou Sadako, 1884-1951）。東京人。

10 成瀨仁藏（Naruse Jinzo, 1858-1919）。山口縣出身。日本女子大學創立者。

11 幸德秋水（Koutoku Syusui, 1871-1911）。高知縣出身。記者、思想家、社會主義者、無政府主義者。

12 井上馨（Inoue Kaoru, 1836-1915）。山口縣出身。第五任外務卿、第一任外務大臣、第五任農商務大臣、第十任內務大臣、第六任大藏大臣。侯爵爵位。

13 三條實美（Sanjo Sanetomi, 1837-1891）。京都人。日本最後一任太政大臣，第一任內大臣、貴族院議員。公爵爵位。明治政府最高首腦之一。

14 物集高見（Mozume Takami, 1847-1928）。大分縣出身。國學者、學習院大學部教授、文學博士、帝國大學教授、東京師範學校教授。

15 拉斯普丁（Grigorii Efimovich Rasputin, 1869-1916），帝俄時代尼古拉二世時的神祕主義者。

16 飯野吉三郎（Iino Kichisaburou, 1867-1944）。岐阜縣出身。新興宗教家。靠同鄉下田歌子的力量，在政界、皇室、軍人之間相當吃香。

17 牧野仲顯（Makino Nobuaki, 1861-1949）。鹿兒島縣出身。明治維新功臣大久保利通的次子。第二十七任、第三十任文部大臣，第二十四任農商務大臣，第二十七任外務大臣。伯爵爵位。日本前首相吉田茂是其女婿、麻生太郎和寬仁親王妃信子是其曾孫。

PART 3—明治新女性

大山捨松（Ooyama Sutematsu，一八六〇～一九一九）鹿鳴館之花

五名少女、幼女留學生

明治四年（一八七一）十一月十二日，兩大集團搭乘「美國號」郵船自橫濱起航。

集團之一是以岩倉具視為大使，木戶孝允[1]、大久保利通[2]、伊藤博文、山口尚芳[3]四人為副使的政府首腦歐美視察團（安政不平等條約修改交涉）；另一個集團是為了吸收歐美文化的五十八名留學生團。其他還有書記官、隨從員等，總計一〇七名。

大山捨松。

留學生團中，有五名少女、幼女。

吉益亮子[4]，東京府士族秋田縣典事（主任）女兒，十五歲。

上田悌子[5]，外務省中錄女兒，十五歲。

山川捨松[6]，青森縣士族妹妹，十二歲。

永井繁子[7]，靜岡縣士族女兒，九歲。

津田梅子[8]，東京府士族女兒，八歲。

上述的年齡是虛歲，津田梅子當時滿六歲。

大久保利通。

岩倉具視。

其中，在封建日本成長為少女的前面兩人，不多久便挫折回國，剩下的三人則完成長達十年的留學生活。回國後，永井繁子嫁給海軍大將瓜生外吉[9]，山川捨松嫁給陸軍元帥大山巖[10]，唯獨津田梅子終生獨身。

黑田清隆。

派遣女子到美國留學的計劃，是北海道開拓使次官黑田清隆[11]和美國弁務公使（代理公使）森有禮的提案。為了學習美國西部開拓史而訪問美國的黑田，目睹美國女性在社會上積極發言，而且和男性平等工作的姿態，非常驚訝。

訪美期間，黑田和森每天晚上交換議論，最後得出為了日本的近代化，明治政府也應該派遣女子出國留學的結論。由於負責選拔使節團人才的岩倉具視也贊同此方案，因此決定讓女子隨同使節團的男子留學生一起走。

但是，沒有任何父母願意把女兒送往「吃獸肉、大口喝紅色酒」的毛唐國家。即便政府大呼「留學期間十年，所有費用由政府負擔」，也沒有人報名。

直至出發之際，想盡辦法聚集來的正是上述那五名少女、幼女。

出生於會津藩家老門第的小姐

大山捨松起初名為山川咲子[12]，是會津藩家老（家臣之長）的女兒。

她出生於安政七年（一八六〇），正是幕府隨時會瓦解的幕末騷亂時代。

新政府軍攻擊會津若松城的戊辰戰爭時，咲子曾和家族一起進城，在城內為負傷者治療並燒飯賑濟災民。這時，擔任攻擊會津若松城的炮兵隊隊長正是捨松日後的丈夫大山巖，此事於日後雖然會成為大問題，但總體看來，只能說是冥冥中注定的緣份。

年輕時的大山巖。

戰爭結束，進入明治時代後，舊會津藩的人過著苦難日子。本為二十三萬石的大藩，改易成三萬石（實質只有七千石）的小藩，遷移至極端寒冷的青森縣最北部的斗南藩。

最初大家以為土地廣闊，正好適合農業，氣候雖寒冷，住久了就習慣。不料，移到斗南的舊會津藩士們，因氣候比預想的更嚴苛，死傷頗多，亦有難以忍受貧苦生活的逃亡者，因此益發無法推進耕種計劃。

斗南藩藩主，亦是比咲子年長十五歲的長兄

遷移至青森縣最北部的斗南藩的會津藩士。

山川浩[13]，以身作則，過著粗衣劣食的生活。這個長兄，曾在慶應二年（一八六六），為了簽訂日、俄國境協定，隨幕府外國長官訪問俄羅斯，是個體驗過歐洲諸國生活的人物。

但即便藩主英明，在這種狀況下，也只能讓年少者到各處去當寄養孩子。

咲子正是寄養孩子之一。她的寄養家庭是住在函館的某法國人家。

哥哥告訴她將送她去當留美學生一事，是在出發前一個月的十月初。

此時，母親給她取了新名字捨松。「捨」是捨棄，因為這一別，很可能成為永別；「松」的發音與「等待」的「待」相同。意思是，我們將捨棄妳，送妳去遙遠的美國，但我們仍希望妳能學成歸來，我們會等待妳回來。

日後，大山捨松明明可以改為更時髦的名字，她卻捨不得改掉這個母親於臨行之前給她取的名字。

五名少女、幼女在舊金山廣博好評

岩倉使節團的五十八名留學生中，也包括了被世間人冷眼看待的「叛軍」，捨松的另一個哥哥山川健次郎[14]正是「叛軍」之一。不過，明治政府的方針是但凡優秀的人，即便以前是互相敵對的藩國，也能出國留學，成為將來的國家支柱。

捨松在法國人寄養家庭已經習慣了西洋文化，加上這個哥哥也是留學生之一，山川家才決定讓未滿七歲的捨松前往美國。結果，五名女子留學生都是佐幕派或「叛軍」家的女兒，可見當時確實沒有人願意送女兒出國留學。而日後成為捨松丈夫的大山巖，也在次日出發前往瑞士日內瓦留學。

「美國號」歷經兩個月橫穿太平洋，於翌年明治五年（一八七二）一月十五日抵達舊金山港。一行人分住市內幾家酒店，在異國酒店卸下旅裝。據說，他們被帶進一個小箱子，那個小箱子又突然上升，來到上面的樓層；上廁所後，只要拉一條帶子，會自動流出水……所見所聞都令人驚歎。

另一方面，美國人對這些來自「Mikado」（天皇）國家的一行人也大感興趣，各家報紙連日大幅報導相關新聞。其中，最有人氣的是五名女子留學生。

> 使節團中有五名女子與駐日公使夫婦同行，據說都是武士家的女兒。與使節團的男性相較之下，女子們不但容貌姣好，並富有魅力。她們身上穿的衣服與住在這個城市的中國人類似，但看上去非常華麗，應該很昂貴。這五名女子是日本這個國家首次送出國的身分高貴的女性。

她們身上穿的衣服是日本未婚女子穿的傳統禮服「振袖」[15]。

使節團受到熱烈歡迎，五名女子的「禮儀禮法」更成為報紙的熱門話題。這也難怪，她們各個都是接受過嚴格武士門第教育的女子，即便在禮法迴然不同的美國社會，也能讓人讚不絕口。

之後，使節團前往華盛頓。這時，五名女子

已經學會怎麼穿西服，也掌握了美國式的禮儀禮法，在華盛頓也成為媒體寵兒。

但是，其中兩名十五歲的女子因患上思鄉病，健康狀態不佳，最後被送回日本。留下的三名女子於明治五年（一八七二）十月底，各自被美國人家庭領去接受美國教育。

捨松寄居在紐約和華盛頓之間的紐哈芬市[16]培根[17]牧師家。紐哈芬市是波士頓的部分清教徒為了逃避英國的統治，於一六三八年開拓的城市，當地人多是虔誠且熱心教育的人士。名門耶魯大學也在此，捨松的哥哥健次郎正是在耶魯大學留學。

出生在以質樸剛毅聞名的會津藩武士門第的捨松，剛好很適合謹嚴樸素的這個城市的風土人情。培根牧師曾寫信給住在瑞士的兒子，描述捨松是個「溫和並值得信賴的孩子，我們都沉迷於她」。

身體虛弱，幾乎閉門不出的培根夫人，在坦率聰慧的捨松身上尋得人生意義，變得明朗快活。

捨松也和年長兩歲的培根家小女兒愛麗絲親密無間，情同手足。捨松和愛麗絲終其一生都是摯友關係。捨松在紐哈芬市時的學習和交友關係均很順利。住在培根家對面的耶魯大學教授的女兒瑪麗安，比捨松小兩歲，於日後如此回想：

> 捨松看上去亭亭玉立，很和善，不過，她總是神采奕奕地加入所有遊戲。賽跑時速度很快，也很擅長爬樹。游泳亦極為出色。

捨松就在這種健康活潑的生活中，如同培根家的親生女兒般成長。

高中與大學時代

明治八年（一八七五）九月，十六歲的捨松進入附近男女同校的希爾豪斯公立高中[18]就讀。

據說，在這之前的一八七四年夏天，十五歲的捨松和培根夫人去避暑地庫布魯克小城。庫布魯克位於美國康乃狄克州[19]首府哈特福[20]西北約一小時車程，她們寄宿在卡琳頓夫人家，而卡琳頓夫人家有個十一歲成為清國第一批留美幼童之一的譚耀勛，捨松在此時與譚耀勛認識。譚耀勛是一八七二年赴美留學。兩人直至培根牧師過世後的一八八二年為止都有交流。譚耀勛於一八八三年畢業於耶魯大學，不幸在同年秋天因肺病而客死他鄉。

此外，捨松就讀希爾豪斯高中[20]時，也有兩名清國留美幼童。捨松成為大山巖夫人後，也曾幫助釋放在日本當俘虜的清國第二批留美幼童之一的蔡廷幹。蔡廷幹是一八七三年赴美。

話說回來，紐哈芬市有個僅限上流階層女性參與的集會，針對窮人進行義工活動。捨松以愛麗絲的客人身分經常參與聚會，與會員們一起縫製嬰兒尿布或童裝。

通過此活動，捨松習得何謂義工精神，更親身體會出，女性的能力可以為社會做出貢獻。

捨松進高中那年夏天，哥哥健次郎在耶魯大學的留學期限到期，必須回日本。健次郎擔憂妹妹失去愛國心，成為崇拜美國的女孩，每週一次教妹妹學日語，並教她作人的道理。

健次郎回國後，也屢次三番寄信給妹妹，向她說明有關國際政治等事情。在哥哥的教導之下，捨松逐漸萌生懷念祖國的感情。

明治十一年（一八七八）九月，十八歲的捨松離開住了六年的培根家，和留美幼女之一的永井繁子一起進入東部名門女子大學瓦薩學院[21]。

在大學結交的好友於日後如此述懷：

捨松很聰明，繁子很和善。兩人都穿西服，捨松看上去很像充滿詩意的美麗猶太人，繁子怎麼看都是日本人。二年級時，捨松被選為班委員長，而且也是只允許智力水平高的學生入會的莎士比亞俱樂部成員之一。得過英國文學獎賞，寫了許多精彩的小品文。

大學創立紀念日時，捨松身穿華麗的日本和服，漂亮地完成慶典長的任務。教授們對捨松的評價也很高，英國文學教授如下寫著有關捨松的回憶：

捨松是個寬大、謹慎、快樂的少女。即使不宣揚自己出身於高貴門第，也會很自然地滲出高貴氛圍。她從來沒有說過任何一句因自己是外國人而感到孤獨的抱怨。所有關心捨松的成長的人，都感覺到她體內隱藏著一股力量。

大三時，十年留學期間到期，捨松收到日本政府的回國命令。但是，只剩一年就可以拿到學士學位，於是捨松寫信給日本政府表達自己想留到畢業時的決心，獲得了延長一年的許可。

那年的聖誕節前夜，將近八十歲的培根牧師過世。

明治十五年（一八八二）六月，瓦薩學院舉行畢業典禮。

捨松是第一位在美國大學被授予學士學位的日本人女性，亦是亞洲第一個畢業於美國大學的女性。三十九名畢業生中，穿著和服的捨松坐在禮拜堂壇上的前排。日本總領事也特地從紐約趕來參加畢業典禮。

她還被選為畢業生代表之一，在台上發表演講。

演講題為「英國對日本的外交政策」，大致內容是說，倘若英國根據不平等條約在日本國內繼續實施治外法權政策的話，日本人將會為了國家的獨立而與英國對抗。

《芝加哥論壇報》[22]報導：

以精神飽滿、明快的口吻，而且是純粹的（古英語）盎格魯—撒克遜口音演講，在當日博得最狂熱的喝彩。

《紐約時報》[23]也給予無上讚詞：

她的論點非常精彩，正確地預見了將來。她完全瞭解英國的保守主義政策，並毫不吝惜地稱頌美國的自由和友愛精神。

學成歸國，嫁給仇人

明治十五年（一八八二）十一月，大山捨松和津田梅子搭乘同一艘船駛進晴空萬里的橫濱港。對兩人來說，眼前的光景是久違十一年的祖國。坐進人力車後，兩人感覺好像坐進了娃娃車；觀看街道兩旁排列的小房子時，兩人又覺得似乎變成《格列佛遊記》中闖進小人國的格列佛。

捨松抵達位於東京牛込的山川家後，母親與健次郎夫婦一起迎接了這個家中的老么。

捨松起初擔心回國後大概無法說正確口音的日語，幸好健次郎在美國嚴厲督促她學日語，因而踏上祖國的土地後，舌頭就自然而然地鬆開，可以說一口還算流利的日語。她也馬上習慣了日本的和服，在家中總是穿著一身和服。

回國後，捨松立即前往文部省提交回國報告兼諮詢工作。然而，政府雖然馬上分配男子留學生到政府機關或大學工作，卻對留美幼女的捨松和梅子的待遇毫無具體計劃。文部省方面也很傷腦筋。

按實力來說，擁有名門女子大學瓦薩學院學士學位的捨松，擔任大學教師職務應該綽綽有餘，但是，日本沒有女性在大學教書的前例。

雖然文部省提議到東京女子師範學校工作，但捨松雖然能說日語，卻不擅長讀寫，無法使用日文教科書在黑板寫日文，不得不放棄。

在美國留學了十一年，好不容易才歸國，祖國卻仍停滯在「女子無才便是德」、「女主內」的世界。如此，捨松只能呆在家裡過著無所事事的日子。

捨松很想為祖國盡一份心力，卻無處容身。

有一次，有人來求婚，捨松以「是國家供應我去外國留學，未報恩之前，我不能結婚」為由而拒絕了。可是，在怎麼也找不到工作的情況之下，捨松開始考慮，或許結婚後可以另謀出路。

恰巧這時有人來提親。對方是四十二歲的陸軍參議大山巖，與二十四歲的捨松相差十八歲，前一年剛喪妻，膝下有三個七歲為首的女兒。大山巖是西鄉隆盛[24]的堂弟，年輕時便對兵器開發方面的事很感興趣，巧得是，他在捨松留美的次日也踏上歐洲留學之途。

大山在歐洲度過留學生活，一直希望讓自己的女兒接受可靠並有堅實內容的教育。何況他是政府高官，經常與外國人交往，正需要一位可以在社交場合發揮力量，並有出色表現的夫人。

經人介紹的對象正是捨松。

捨松不但會說英語、法語、德語，更是日本唯一擁有大學畢業學位的女性。大山想來想去，覺得捨松是最適合當自己伴侶的女性。

但是對山川家來說，大山是往昔的「敵軍」（正確說來是官軍），更是攻擊會津城的大砲隊長，令長兄妻子喪身的仇人，怎麼可以讓么妹嫁給這麼一個不共戴天的仇人呢？當然一口拒絕。

大山這邊則因為曾在其他人的婚禮見過捨松，對捨松一見鍾情，不願放棄這門打著燈籠也沒處找的婚事，拜託西鄉隆盛的弟弟西鄉從

西鄉從道。

道[25]從中說情。最後，捨松的長兄總算答應讓妹妹自己作主。

兩人經過幾次在當時算是破天荒的「約會」，捨松逐漸理解大山的為人後，才點頭答應這門親事。

捨松歸國一年，於明治十六年（一八八三）十一月，與大山嚴舉行了日式婚禮。

一個月後，大山嚴在新裝修的鹿鳴館召開宣佈結婚的晚餐會。這天，受到邀請的美國人雜誌記者如下描寫大山夫人首次亮相的樣子：

那晚，受邀賓客約有八百名日本人和二百名外國人。賓客入場和退席時，公爵夫人不但和每個人握手，對每一個日本人也各自行了六次禮。這種讓美國婦女來做的話，說不定會殺死丈夫的絕技……女主人完美地做到了。至今為止在東京召開的所有晚餐會中，這是最精彩的一次。

鹿鳴館之花

鹿鳴館是明治政府為了接待外國賓客而費盡心血建成的設施。當時的日本，被歐美諸國逼迫簽訂各種不平等條約，外國人犯罪時，不但

鹿鳴館。明治26年。國立國會圖書館藏。

無法適用日本的法律和審判，也不能自由決定進口商品的關稅。為了修訂不平等條約，政府建造了歐美流派的社交設施，試圖給外國人留下日本是文明國家的印象。

可是，明治維新之前是下級武士的政府高官及其妻女，根本不可能在一夜之間就學會穿禮服、拿著刀叉切肉吃西餐、被陌生男人摟在懷中跳西洋舞等這些事。有些高官妻子雖然冠著「伯爵夫人」或「侯爵夫人」頭銜，她們甚至根本不識字或前身是藝妓，對她們來說，待在家裡穿和服、吃茶泡飯反倒比較輕鬆。

可政府無論如何都必須修改條約，這時，政府最需要的人才正是捨松這類出過洋、喝過洋水、會說洋話的女子。

在這種情況下，穿著一身典雅晚禮服、「看上去很像充滿詩意的美麗猶太人」、與外國人流暢會話、用輕快步伐跳維也納華爾滋的捨松，會在短期內成為「鹿鳴館之花」、「鹿鳴館的貴婦」、「鹿鳴館女王」，也是理所當然。

不過，當時的西洋晚禮服都要穿緊身衣，把腰部勒得喘不過氣來，還要穿高跟鞋面帶笑容跳華爾滋，應該很辛苦。何況捨松在鹿鳴館時代生下三個孩子。

召開日本首次慈善義賣會

有一次，捨松和政府高官夫人們去參觀醫院。訪問醫院病房時，捨松看到在病房照料病人的全是男性，大吃一驚。她問院長，「為何不讓女性負責護理」，並根據在美國的見聞，向院長說明女性比較適合需有細膩心思的護理工作。

院長答說，「您說得很對，但是，我們經費不夠，即便很想成立護士訓練班，也心有餘而力不足。」捨松聽了院長的答話，想起在美國的慈善活動經驗，靈機一動，覺得或許可以在日本開設義賣會籌集資金。

於是，在捨松的指揮下，明治十七年（一八八四）六月十二日至十四日，整整三天，在鹿鳴館舉行了日本第一次的義賣會。因為是上流階層的夫人和小姐開設店鋪賣東西，報紙雜誌等媒體大炒特炒，皇族和政府高官搭乘馬車和人力車蜂擁而至，熱鬧哄哄。

鹿鳴館二樓的銷售區，排列著夫人和小姐們親手製作的玩偶、手帕、竹器工藝品、點心等，價格都比市價昂貴許多。要是客人不買，就會被內務卿山縣有朋夫人、參議西鄉從道夫人等糾纏不休，非買不可。

結果，三天期間入場人數多達一萬二千人，收益也遠遠超過最初目標的一千日圓，高達八千日圓，全數捐獻，當作護士訓練班的成立基金。此後，捨松一直關注護士的培育，並推動日本紅十字，設立了「篤志看護婦女會」。

明治三十七年（一九〇四）七月，大山以滿洲軍總司令身分出征日俄戰爭，捨松在後方忙著製作繃帶、募款、支援貧困家庭等慈善事

《於鹿鳴館貴婦人慈善會之圖》，楊洲周延（Yō shū Chikanobu, 1838-1912）畫。

業，並寫信給美國的愛麗絲，告知詳情。

她在信中訴說：「日本國民很關心此次的戰爭，他們都願意忍受任何艱苦，直至獲得勝利。上自天皇陛下，下至凡夫工人，所有日本人都團結為一體盡最大努力。沒有受到國民支持的軍隊，絕對無法戰勝。此外，美國大眾的精神支援，是我們的最大心靈支撐。」

愛麗絲為了幫助捨松，將這封信公開在美國報紙和週刊雜誌，向美國民眾募款。當時的美國報紙不但稱讚大山元帥為「東洋的拿破崙」，更驕傲地報導其夫人是美國東部名門女子大學瓦薩學院的畢業生。響應之大，自不在話下了。

捨松的晚年

日俄戰爭結束後，丈夫從戰地平安歸來，捨松也總算恢復平靜生活。

大山秉持軍人不應該干預政治的信念，在櫪木縣那須野開設了農場，過著戴笠荷鋤的田夫野老日子。

晚年的大山巖。

捨松在寫給愛麗絲的信中形容：「我們成為『交情很好的老夫妻了』。」

大正五年（一九一六）十一月，大山巖陪同大正天皇前往九州福岡觀看陸軍特別大演習，於歸途火車上病倒。三星期後，結束了七十五歲的一生。

葬禮是國葬，儀式進行中，捨松始終垂著頭，雖然手中握著的扇子撲簌簌地抖動，卻沒有掉下任何一滴眼淚。

晚年的大山捨松。

丈夫去世後，捨松自所有正式場合退出，不再露面，也不問餘事，過著含飴弄孫的生活。

兩年後，捨松患上當時非常流行的西班牙型流行性感冒[26]，沒多久便追逐丈夫的蹤影般，闔上她的人生帷幕。享年五十八歲。

夫妻倆的遺骨被埋葬在兩人於晚年深愛的恬靜的那須野田園墓地，墓碑刻著「從一位大勳位公爵大山巖夫人勳四等捨松之墓」。

日本小說家德富蘆花，在以大山巖的早夭長女為女主角寫成的小說《不如歸》中，將大山捨松描寫為惡毒的繼母，實在很可惡。德富蘆花於作品發表十九年後，捨松臨死之際，才正式向讀者及相關者公開道歉。

現代有不少日本人很想讓NHK拍一部有關大山捨松的大河電視劇，可惜無法如願。大概因為劇中必須拍攝她的留學時代，而且外語場面相當多，拍不起來吧。

1 木戶孝允（Kido Takayoshi, 1833-1877）。山口縣出身。維新十傑之一。第二任內務卿、第二任文部卿。

2 大久保利通（Ookubo Toshimichi, 1830-1878）。鹿兒島縣出身。維新十傑之一。第三任大藏卿，第一任、第三任、第五任內務卿。

3 山口尚芳（Yamaguchi Naoyoshi, 1839-1894）。佐賀縣出身。官僚、政治家。

4 吉益亮子（Yoshimasu Ryoko, 1857-1886）。

5 上田悌子（Ueda Teiko）。

6 山川捨松（Yamakawa Sutematsu, 1860-1919）。

7 永井繁子（Nagai Shigeko, 1862-1928）。

8 津田梅子（Tsuda Umeko, 1864-1929）。

9 瓜生外吉（Uryu Sotokichi, 1857-1937）。石川縣出

身。貴族院議員、海軍大將。男爵爵位。

10 大山巖（Ooyama Iwao, 1842-1916）。鹿兒島縣出身。內大臣、文部大臣、陸軍大臣、貴族院議員。公爵爵位。

11 黑田清隆（Kuroda Kiyotaka, 1840-1900）。鹿兒島縣出身。第六任遞信大臣、第三任農商務大臣、第二任內閣總理大臣。伯爵爵位。

12 山川咲子（Yamakawa Sakiko）。

13 山川浩（Yamakawa Hiroshi, 1845-1898）。福島縣出身。陸軍軍人、政治家、貴族院議員。東京高等師範學校（筑波大學）、女子高等師範學校（御茶水女子大學）校長。男爵爵位。

14 山川健次郎（Yamakawa Kenjirou, 1854-1931）。福島縣出身。東京帝國大學、九州帝國大學、明治私立專門學校（九州工業大學）第一任總裁，舊制武藏高等學校（武藏大學）校長。男爵爵位。

15 振袖（Hurisode）。

16 紐哈芬市（Newhaven）。

17 培根（Leonard Bacon）。

18 希爾豪斯高中（Hillhouse High School）。

19 康乃狄克州（State of Connecticut）。

20 哈特福（Hartford）。

21 瓦薩學院（Vassar College）。

22 《芝加哥論壇報》（*Chicago Tribune*）。

23 《紐約時報》（*The New York Times*）。

24 西鄉隆盛（Saigou Takamori, 1828-1877）。鹿兒島縣出身。維新三傑之一。

25 西鄉從道（Saigou Jyuudou, 1843-1902）。鹿兒島縣出身。文部卿、陸軍卿、農商務卿、海軍大臣、內務大臣、貴族院議員。侯爵爵位。

26 西班牙型流感（1918 flu pandemic）。

PART 3 ── 明治新女性

津田梅子（Tsuda Umeko，一八六四～一九二九）

日本女子教育先驅者

日本明治時代女子教育先驅者津田梅子，是第一位實現尊重個性的女子教育的教育家，可以說是日本女性史上的才智象徵人物。她創立了津田塾大學的前身女子英學塾，為女子教育獻出自己的一生，亦是第一個讓日本女性明白女子也能擁有與男性同等力量的人。

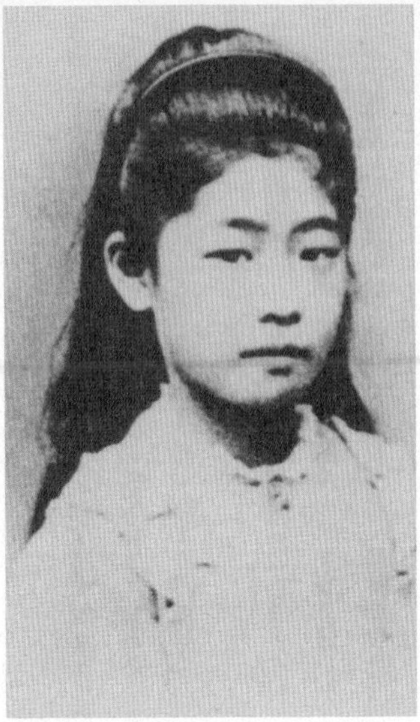

小時候的津田梅子。

明治三十一年（一八九八）五月，美國「婦女俱樂部」於科羅拉多州[1]丹佛[2]召開「萬國婦女大會」時，津田梅子代表日本婦女出席，以英文發表如下的演講：

> 全世界的女性必須互相攜手，努力提高婦女地位。……女性問題受人矚目的日子應該已近在眼前。……只要提高女性的教育和地位，全世界的女性應該可以自奴隸和玩偶般的不自覺中覺醒，站在男性的合作夥伴立場，獲得真正與男性平等的地位。

據說，當地的報紙都報導道，無論內容、態

度、聲音等，梅子的演說都是當天最出色的一位。

最年幼留美女童

津田梅子生於元治元年（一八六四）十二月，昭和四年（一九二九）八月，虛歲六十五時過世。

明治四年（一八七一），虛歲八歲時（當時滿六歲又十一個月），她以日本第一批女子留學生最年少者身分遠渡美國。

此後十一年，她寄居在美國東部喬治城（華盛頓哥倫比亞特區）知識分子代表之一的查爾斯・蘭曼[3]夫婦家，自當地的私立學校畢業。

回國後，由於與家人不合，在伊藤博文家客居半年，一面當伊藤夫人及女兒的家庭英語教師，一面學習日本禮儀，並與當時的政界人物接觸。

伊藤博文是十一年前率領歐美視察團及五十八名留學生團出國的副使之一。

梅子十八歲剛回國時，是個不會聽也不會說日語的少女。天長節（天皇誕生日）夜晚，她在井上馨外交卿官邸晚會中碰見了伊藤，這時，經伊藤介紹，與下田歌子認識。之後，成

查爾斯・蘭曼夫婦。

為下田歌子開辦的「桃夭女塾」英語教師，另一方面，也向歌子學習國語、書法等。

梅子於日後寫了一篇〈回憶〉文章述懷對伊藤的敬愛，但對歌子則隻字不提。歌子比梅子年長十歲，無論容貌或私生活，都給人一種類似牡丹的艷麗感覺，梅子卻完全沒有那種氛圍。

梅子歸國時才十八、九歲，正值妙齡，身邊不但有伊藤這種大人物的知遇，又逢鹿鳴館歐化時代，倘若她有心，應該可以像下田歌子或年長五歲的大山捨松那般過著如花似錦的日子。但是，綜觀她的人生，竟宛如一片不起眼的葉子，畢生都在給後代女子儲存養分。

梅子並非排斥與自己成對比的華麗同性，她的性格似乎偏向理智，而且在有關女子教育這方面的信念和理想，均與同業者的下田歌子不同，自然格格不入。但她和大山捨松以及另一位永井繁子則終生都是摯友。

身為明治初期開拓使留學生之一的梅子，出國時雖是個年幼女孩，但在國外養成了類似國家使節的責任感，回國後，顯現在她眼前的祖國社會，尤其女性地位，都令她很難接受。

特別是她四周那些當時所謂名流婦女的作風，更讓她難以消受。

走在時代尖端的女性

送她出國留學的父親津田仙[4]，是位走在時代先端、相當有見地的人物，不過，實際的日常生活在女兒梅子眼裡看來，是個不可理喻的暴君。父親不但不允許女兒擁有自己的錢包，

津田仙。

在女性關係方面，也經常讓妻子大傷腦筋。

換個立場看，梅子父親的行為其實很正常，明治時代的戶長就是這樣，但對一個在美國成長的少女來說，確實是個專橫的暴君。

津田仙出生於下總（千葉縣）佐倉藩家臣家，幕末時期專研西學，二十五歲時成為幕府直屬家臣津田家的婿養子。

津田家長女竹子[5]在德川支系，亦是德川幕府將軍繼承人之列選「御三卿」之一的田安[6]德川家侍奉，得第五代當主德川慶賴[7]寵愛，是德川家達[8]、德川達孝[9]的生母。

梅子的母親初子[10]是竹子的妹妹。換句話說，梅子與德川家達、德川達孝是表兄妹。

梅子過世後，學校遷移至現在的津田塾大學所在的小平市新校舍時，公爵德川家達也參加了竣工儀式，親自朗讀稱頌創立者梅子的英文賀詞。大致內容是「津田梅子先生是位遠遠走在時代先端，具有看清我們的需求之慧眼的女性」。

身為幕府西學者的津田仙，功績很大。他在慶應三年（一八六七）與福澤諭吉等人，隨幕府大臣前往美國華盛頓進行幕府訂購的軍艦領取交涉。明治維新後，辭去官職，在築地的酒店工作，親手栽培客人用的西洋蔬菜，並在數年之間將菜園擴大為廣闊農場。

明治四年（一八七一），津田仙成為明治政府設立的開拓使特約人員，因此開拓使招募女子留學生時，他代女兒梅子報了名。他也是將西式農耕法引進日本的著名人物，在東京麻布設立農業學校，並發行《農業雜誌》大力介紹西歐的新知識。明治六年（一八七三）又以書記官身分參加維也納世博會，從維也納帶回的刺槐[11]種籽，日後成為東京的行道樹。

總之，這個人物非常不簡單。

可是，以津田仙為首，這些在外人眼裡看來非常先進的梅子近親者，於男女關係的問題上卻極為封建，導致梅子不得不到伊藤博文家當門客。

那時，也有幾門門戶相當的人來提親，卻都沒談成。或許，梅子內心認為，在當時的日本無法找到適合自己的人生伴侶。

按梅子身處的環境以及親屬成員來說，想得到一門所謂的良緣應該輕而易舉，她卻選擇了一條不同的路。這應該和她的成長環境有關，但也可以說是命中注定。

當時以公費留學的先驅者，大多懷有一種必須帶領祖國同胞往前邁步的義務感，何況是第一批女子留學幼女。

再說，四周人也對梅子拭目以待。美國的查爾斯·蘭曼家和母親初子對待梅子的態度，類似對待一位國家使者。大家對梅子的留學成果所懷的期望，遠遠超越梅子個人應得的成果。

即便年幼，在這種環境下，梅子肩上的擔子其實很重。至今仍留有梅子在美國向學校提交的作文等文章，完全是一個小外交官的口吻。

不僅梅子，同時赴美留學的山川捨松也一樣。捨松甚至在瓦薩學院畢業典禮發表了一場題為「英國對日本的外交政策」演講，批評英國對日本的貿易政策。

她們回國後，更屢次接到與諸外國要人交流的招待會邀請，在晚會中以外交官立場和外國要人周旋。因此，不管願意或不願意，她們都不得不站在這種立場。

來自東洋的小使節

日本明治時代的革命期，是即便派出未滿七歲的幼女前往美國留學，也要舉國吸收西歐諸國知識的時期。

負責照顧梅子的查爾斯·蘭曼家，是新英格蘭系的知識分子。查爾斯的父親在耶魯大學專攻法律，擔任密西根州[12]的出納官員，祖父是康乃狄克州最高法院法官，曾當選上議院議員。

查爾斯本人是作家、政府官員、藝術家，因任職美國陸軍部圖書管理官員、日本公使館書記官等，又因膝下沒有孩子，才成為梅子的寄居家庭。

查爾斯的著作有三十餘本，大部分是旅行嚮導、傳記。蘭曼夫婦的人際關係中有許多美國東部的文人，例如波士頓文壇的詩人惠蒂埃[13]、詩人朗費羅[14]。梅子不但與他們見過面，更是朗費羅的粉絲，背誦了許多他的詩歌。

在這種文化氣氛的家庭度過十多年的梅子，人格形成當然會受到很大影響。此外，蘭曼夫婦為了向這個來自東洋國家的小使節介紹美國優點，經常帶梅子到各處旅行，而且盡量讓梅子接觸「理想化」的美國。

十一年後，梅子回國時，蘭曼夫婦將迄今為止整齊保存下來的所有梅子寫的文章，以及寄自日本的信件，統統交給梅子，當作留學期間的財產。甚至建議梅子買一架當時在日本很難買到的鋼琴帶回去。

梅子自幼在蘭曼夫婦家學會彈鋼琴，她就讀的亞契學院[15]是上流子女學校，畢業典禮時，總統夫人出席，梅子還表演了鋼琴演奏。

如此，梅子接受了在當時的美國也算是第一級的教育，並不時出席名人聚會，養成在任何場所都能信心十足、舉止高雅的習慣。被當作國家小使節的待遇，也形成她貫徹自我的堅強意志。

再度赴美留學

明治二十二年（一八八九），二十四歲的梅子雖然通過伊藤博文的幫助在貴族女子學校工作了三年，但她不想終生都當英語教師，為了能憑高望遠，她決定再度出國留學。

在美國成長的梅子，回國目睹祖國的現狀後，感慨萬千。雖然她出生在日本，可七歲至十八歲都在美國接受國家使節般的待遇，久違十一年回來後，看到的是美國和日本之間的女性地位的落差，以及女子連自己的錢包都不能擁有的強烈傳統男尊女卑思想。她不能不為同

明治22年（1889），再度赴美留學的津田梅子。

胞女子的將來焦急嗎？

正好在這個時候，大山捨松的美國寄居家庭的小女兒愛麗絲・培根，接受了梅子和捨松的推薦，來日本擔任貴族女子學校的講師。經愛麗絲鼓勵，通過父親友人介紹，又獲得校長許可，梅子終於動身前往賓州[16]費城[17]郊外的文理學院[18]以及布林茅爾學院[19]專攻生物學。

達爾文的《物種起源》[20]於一八五九年出版後，不僅科學界，包括文學界等各領域均大開眼界，熱衷研究。梅子之所以選擇了生物學，或許她認為若想提高女子地位，應該從最基本的生命起源學起。另一個主要原因，是她不像大山捨松、永井繁子那般擁有大學畢業的學士學位。

梅子在布林茅爾學院與日後獲得諾貝爾生理醫學獎的摩根[21]教授，共同做的有關青蛙蛋的研究論文刊登在英國的科學學術雜誌。如果她留在大學繼續研究，或許可以在學術界揚名。但是，這個時候的梅子已經決心為教育獻出一生。因此又延長一年留學期間，在紐約奧斯威戈師範學校[22]專攻教育學。

在美國的這三年期間，除了自己的學業，梅子又完成一項值得同性給予喝采的功績。

她向周圍的美國朋友、知己募款，設立了基金八千美元的「日本婦女美國獎學金」，每隔四、五年資助一名日本女子出國留學。由此也可看出她的作風和下田歌子完全不同，她的資金全部來自缺乏政治、皇宮背景的個人捐款，這也證明梅子確實具有獨特的內在魅力。

實現推動女子教育的夢想

梅子帶著八千美元的「日本婦女美國獎學金」基金，於明治二十五年（一八九二）八月回國，再次回到貴族女子學校工作了約八年。

這期間，她不但兼任女子高等師範學校的教授，也接受英國基督教會知名婦女們的邀請，

創立「女子英學塾」時的津田梅子、愛麗絲・培根、永井繁子、大山捨松（自左而右）。

通過日本政府的援助，在英國逗留了半年。

梅子客居英國的半年期間，和當時已八十歲的南丁格爾[23]見了面。並在牛津大學旁聽，又和美國時代的舊友一起到巴黎觀光。在她的心中，創立學校的夢想逐漸成熟，最後在英國見到英格蘭聖公會[24]約克大主教，傾訴自己的夢想，得到大主教的祝福，終於下定決心實現夢想。

那時候的日本，女子教育風潮已逐漸高漲，但女子高等教育的程度離男子大學仍相當遠，美其名曰「女子大學」，其實內容和專科學校

創立「女子英學塾」時的津田梅子。

剛創立的「女子英學塾」。

差不多。

梅子一直認為，女性若想獲得社會地位，應該先接受與男子同等的教育並爭取工作崗位。因而她經常在外國雜誌、報紙發表敘述日本女性地位實情的文章。

明治三十三年（一九〇〇）九月，梅子終於辭去官職，在父親、愛麗絲・培根、大山捨松、姊夫等人的協助下，於東京麴町創立了

現在的津田塾大學本館，東京都選定為具有歷史性價值的建築物。

「女子英學塾」。她在開學典禮祝詞中，表明了自己的教育方針：

……在大教室教大量學生，或許可以分配知識，但不能實現真正的教育。真正的教育是根據學生的個性，採取不同的教育方法。每一個人的心和氣質，就像每一張臉都不同那樣。因此，培訓和訓練方法也要按每一個人的特性而

有分別。我要教的真正的教育，最終只能限定在少數人。

梅子的教育方針堅持針對少數學生進行個人指導，她不喜歡群眾性的普遍性。她想藉由提高少數有志女子的能力，期待她們於日後影響其他人。

她認為個人與個人之間的信賴關係最有價值，來者不拒，去者不追。日後，學校的規模逐漸發展，她仍舊堅持盡量減少學生，幾乎不把營利事項放在心頭。

不為營利奔走，為了培育有能力的人，向慈善家募款並非羞恥之事。梅子如此想。就這點來說，她的思想傾向美國個人主義。

創立初期的「女子英學塾」，是一間普通的日本房屋，除了六張榻榻米大的食堂、免費擔任教授的愛麗絲・培根的房間、十張榻榻米大的講堂、學生宿舍房間、梅子的房間，其他設備都沒有，類似江戶時代的私塾。

正如梅子於開學典禮說過，沒有豪華校舍和設備也能實行真正的教育那般，數位熱心的教師與十數名學生就這樣開學了。

學生數在半年內超過三十名，第三年達到五十名，於是在五番町新建了校舍。

在這期間，梅子收到美國朋友寄來的九千多日圓捐款，日本國內也有兩千日圓捐款。此外，梅子的姊夫也幫忙墊付購買土地的金額等，給予很大幫助。當時購置幾百坪土地以及新建校舍的資金，全來自梅子的朋友和近親者的個人捐款，就此意義來說，梅子相當厲害。

「女子英學塾」於明治三十七年（一九〇四）獲得專門學校認可證，所有本科畢業生都不用考試便能得到英語教師執照。

這是日本女子學校第一次獲得這種優惠的例子，而且直至大正十二年（一九二三），日本女子大學英語專科畢業生獲得同樣優惠為止，全日本只有津田學塾擁有此特權。這也是全日本的女子學校（日後成為高級中學）的女英語教師都出自「女子英學塾」的主要原因。

獲得專門學校的認可之前，梅子沒有報酬，她是靠兼任女子高等師範學校的收入，以及皇族的家庭教師收入維持自己的生活。成為專門學校後，梅子的報酬是月薪二十五日圓，辭去貴族女子學校時的年薪則為八百日圓。

梅子的晚年

如此，學校的經營好不容易才上了軌道。梅子於明治四十年（一九〇七）前往歐洲和美國旅行，這時訪問了羅斯福總統夫婦。大正二年（一九一三）為了出席萬國基督教學生大會，再次赴美，歸國時帶回將近二萬日圓的美國朋友的捐款。

大正四年（一九一五），梅子在題為「日本的婦女運動」演講中強調，五十萬名女工、五萬名女教師，以及在通信省、電話局工作的女子，還有女新聞記者、女編輯等，這些職業婦女將成為一股改變日本女性生活的強大力量。

津田梅子。

大正六年（一九一七），梅子因糖尿病而病倒。兩年後，她辭去塾長職位。

此時，梅子在日記寫下一句：「或許，這是一個活動的生命的結束。」

她用英文親筆寫下的這句話，含義很深。

她沒有用「我的人生」或「我的活動」之類的說法。她只是冷靜地在連續不斷的時間中觀看著「生命」。「一個活動的生命的結束」，並不代表生命結束後就會一無所有。也因此，她接下去寫著：

「不需要為自己的事而想不開。在永恆中，我，和我做的事，根本不足為道。畢竟，為了能長出新芽，必須讓一粒種籽破碎。自己和學校的關係，嘿，就是那樣。」

她將自己比喻為種籽。而她確實完成了種籽的任務。

雖然她沒有結婚、沒有生子，但是，她孕育出數不清的新芽與新生命。為了給後人鋪路，為了讓新芽長得更好，她始終小心翼翼地維護著質樸的母胎，不讓母胎受到當時正興起的女性啟蒙運動的影響。

例如明治四十四年（一九一一），平塚雷鳥[25]等人創刊了女性主義運動《青鞜》雜誌，社會沸沸揚揚。梅子卻與這些人保持著相當遠的距離。因為這些人相當於盛開的花朵，再美的花，終究也會凋謝，梅子想做的是人們眼睛看不見的種籽的工作。

當一粒種籽綻開，表示已經萌芽。為了支撐新芽往上伸長，需要支柱。

津田塾大學校園後邊的津田梅子墳墓。

梅子認為，當前領導世界的語言是英語，所以暫且讓英語成為這些新芽的支柱。往後，這些新芽就得靠自己的力量去爭取女性的地位。

昭和三年（一九二八），梅子過世前一年，捐款多達一百三十餘萬日圓，預定在現在的小平建設新校舍的計劃也已上軌道。

梅子沒有親眼看到新校舍完成，便於昭和四年（一九二九）八月十六日，因腦出血而猝死。享壽六十四。

據說，她的晚年過得很平靜，每天都在閱

讀、編織。

津田梅子的墓碑位於津田塾大學校園後邊的東北方角落。

1 科羅拉多州（State of Colorado）。

2 丹佛（City and County of Denver）。

3 查爾斯・蘭曼（Charles Lanman, 1850-1941）。

4 津田仙（Tsuda Sen, 1837-1908）。千葉縣出身。農業學者，農學社創立者、《農業雜誌》創刊者，開日本郵購的先河。

5 竹子（Takeko）。

6 田安（Tayasu）。

7 德川慶賴（Tokugawa Yoshiyori, 1828-1876）。父親德川齊匡（Tokugawa Narimasa）是江戶幕府第十一代將軍德川家齊（Tokugawa Ienari）的異母弟。

8 德川家達（Tokugawa Iesato, 1863-1940）。第四任貴族院議長、華盛頓會議首席全權大使、第六任日本紅十學社社長。公爵爵位。

9 德川達孝（Tokugawa Satotaka, 1865-1941）。大正天皇侍從長、貴族院議員。伯爵爵位。

10 初子（Hatsuko）。

11 刺槐（robinia pseudoacacia）。

12 密西根州（State of Michigan）。

13 惠蒂埃（John Greenleaf Whittier, 1807-1893）。十九世紀美國著名的「新英格蘭詩人」之一。

14 朗費羅（Henry Wadsworth Longfellow, 1807-1882）。美國詩人、翻譯家。

15 亞契學院（Aarcher Institute）。

16 賓法尼亞州（State of Pennsylvania）

17 費城（Philadelphia）。

18 文理學院（Liberal Arts college, LAC）。

19 布林茅爾學院（Bryn Mawr College）。

20 《物種起源》（*On the Origin of Species*）。

21 摩根（Thomas Hunt Morgan, 1866-1945）。美國遺傳學家、現代遺傳學之父，約翰霍普金斯大學博士。一九三三年諾貝爾生理醫學獎得主。

22 紐約奧斯威戈師範學校（State University of New York at Oswego）。

23 南丁格爾（Florence Nightingale, 1820-1910）。

24 聖公會（Church of England）。

25 平塚雷鳥（Hiratsuka Raitei, 1886-1871）。戰前、戰後的女性解放運動指導者。小說家、思想家、評論家。

PART 3——明治新女性

鹿鳴館的貴婦

明治十六年（一八八三）至二十年（一八八七），通稱「鹿鳴館時代」，在近代日本文化中，是最特異的一段時期。「鹿鳴館」這個詞算是「歐美文化一邊倒」政策的象徵，「鹿鳴館外交」則表示以鹿鳴館為中心的外交政策。

「鹿鳴館」於昭和十五年（一九四〇）被視為「國恥性的建築物」而遭拆毀，現在我們已經看不到鹿鳴館的建築物。舊地址是東京麴町區內山下町一丁目一番地，也就是現在的千代田區內幸町一丁目，大致位於帝國飯店一旁的NBF日比谷大廈，西邊隔著馬路，對面是日比谷公園。

這一帶在江戶時代是薩摩藩（鹿兒島）的別邸，江戶人稱之為「裝束宅邸」，距離江戶城正門約一公里半。之所以被稱為「裝束宅邸」，是因為琉球使節進江戶城時，都會在此更衣。鹿鳴館的正門正是「裝束宅邸」的大門，俗稱「黑門」，曾被指定為國寶，可惜在昭和二十年（一九四五）毀於空襲。

鹿鳴館於明治十三年（一八八〇）開工，十六年（一八八三）竣工，是一棟二層建築磚樓，總面積四百四十坪（約一四五二平方公尺），工程費約十四萬日圓。

設計者是英國建築師約書亞・康德[1]，他以外籍講師身分來日本，專門負責政府關聯的建築物設計。並在工部大學校（現在的東京大學工學系建築科）當教授，培育出許多日本人建築家，奠定了明治時代之後的日本建築業基礎。與日本女性結婚，在東京逝世。

鹿鳴館開館

竣工後四個月的十一月二十八日，鹿鳴館舉行了華麗的開館式。

從入口大廳登上豪華的三折迴轉木造樓梯，可以抵達二樓中央的大舞廳。二樓舞廳總計三間。面向前院，有五道拱形門窗，推開旁邊的拱門則可以走至陽台。陽台左右也有五道拱門支撐。舞廳天花板是耀眼的枝形吊燈。一樓是大食堂、聊天室、圖書室等，另有酒吧和撞球室。

參加開館式的內外顯貴多達一千多人，外交卿井上馨發表開館主旨演說。這座建築物的管轄者是外務省，也就是說，鹿鳴館是明治政府為了修改不平等條約而建造的公式「外交建築物」。

在這裡舉行的舞會均含有「國際外交」的意義。有資格參加舞會的人，是明治政府的敕任宮、奏任宮、貴族、外國公使等外交官，以及外籍講師。另外就是這些人的夫人、令孃。

「鹿鳴」取自《詩經・小雅》的「呦呦鹿鳴，食野之苹。我有嘉賓，鼓瑟吹笙」，表示接待高貴客人的宴會。「鹿鳴」也能聯想到雄鹿在求偶季的嚎叫，這些嚎叫有吸引雌鹿、威嚇競爭對手兩種意義。

事實上，在當時那凡事歐化主義的潮流中，政府高官的妻子、女兒都被賦予「夫人」、「令孃」稱號。她們在鹿鳴館的任務類似雌鹿，專門負責吸引外國賓客。

然而，問題正出在這些「夫人」、「令孃」身上。

舞會中的日本夫人

當時的日本夫人及令孃，依舊認為封建時代

的順從才是女子美德，亦沒有學過西餐禮法。

英國女作家派特・巴爾[2]於其著作《鹿鳴館》[3]中描述：

> 她們不懂得該如何與初次見面的男性輕鬆閒聊的說話技巧。如果是往昔，這種事大概會被認為是一種「淫亂」。她們拚命努力想一次完成如何拿雞尾酒杯、烤麵包、叉子和餐巾等，但她們大概和第一次使用筷子的外國人一樣，因不會用而感到尷尬。最糟糕的是，男性身穿燕尾服和大禮帽時，夫人們必須用蕾絲把身體綁得緊緊的，而且還得穿沉重的裙子，完全無法行動。

即便如此，只要丈夫和父親要求她們參加舞會，她們也會遵從，因為這是「婦德」之一。

《鹿鳴館》又描述：

> 因此，日本的上流婦女們即便擔心出醜，還是像平時那樣順從地穿上西服，在鹿鳴館的枝形吊燈下，被肩上掛著金色飾繩、滿腮鬍鬚的西洋外交官摟在懷中，隨著樂團演奏的旋律，團團轉地跳著維也納華爾滋舞。

那是個凡事都必須歐化的時代。

時勢比人強，國語改良論、戲劇改良論滿天飛，甚至冒出人種改良論。不管什麼論，在修改條約這個「大義」的名分下，一切都被正當化。

明治二十年（一八八七）四月二十日，首相官邸舉行了一場化裝舞會。首相伊藤博文裝扮成威尼斯貴族，井上馨、山縣有朋等人也都精心裝扮。連帝國大學的教授也裝扮成日本七福神。外國人更費盡心思地改扮成西洋歷史或歐洲神話人物，眾人縱酒狂歡、縱情歌舞。

五月，《女學雜誌》刊載了一篇伊藤首相於當夜對某位貴族夫人無禮的八卦文章，其他媒體也爭相報導批評，結果《女學雜誌》遭到停刊處分。此事件的真相，至今仍不明不白，但應該並非媒體報導中所暗示的強姦之類的醜聞，而是政治性的陰謀。雖然伊藤沒有因此事件而被迫辭職，卻也多少受到影響。

無論鹿鳴館或首相官邸的日本雄鹿，呦呦發出嚎叫的目的，其實不在修訂條約，而在互相威嚇、彼此扯後腿上。

現代人觀看鹿鳴館時代的照片或浮世繪時，往往被那些披金戴玉的名媛淑女之外貌所惑，看不到隱藏在她們背後的心酸與悲哀。

所幸，並非每位上流夫人皆如此。

皮耶・羅逖的〈江戶的舞會〉

法國小說家皮耶・羅逖[4]於一八八五年訪問日本時，曾參加鹿鳴館的派對，日後寫了一篇短篇見聞小說〈江戶的舞會〉，收錄在短編集《秋天的日本》。

〈江戶的舞會〉採用海軍軍官的「我」所敘說的見聞錄小說形式。故事大意是抵達橫濱的

《貴顯舞踏略圖》，楊洲周延（Yō shū Chikanobu, 1838-1912）畫。

年輕時代的皮耶・羅逖。

「我」，收到鹿鳴館舞會的招待信。受邀客人從橫濱搭乘特定火車到達新橋車站，再從車站坐人力車直達鹿鳴館。上了樓梯，與主辦者伯爵夫婦寒暄。

有關鹿鳴館的歐洲風味建築物和賓客的服裝，作者的觀察力非常出色，但是，文筆極為辛辣。小說中充滿自己出身已開發國家的優越感，以及某些無惡意的誤解。不過，當作參考記錄來看的話，其價值不亞於一級史料。

> 鹿鳴館一點都不美。雖然是歐洲風味的建築，卻因為剛建成，雪白、嶄新，很像我國一些療養地的賭場。

皮耶・羅逖畫像。

並形容穿不慣燕尾服的日本紳士和官吏「與猴子一模一樣」。對女性也毫不客氣，批評道「她們實在太奇妙了。上吊眼睛的微笑、走起路來呈內八字的雙腿、扁平的鼻子，完全沒有真實的地方」。描寫穿和服的婦女時，對她們的髮型特別驚奇。

> 這些婦女最令人難以想像的是她們的髮型。

烏黑亮麗的頭髮內側似乎有骨架支撐，不但塗上光澤，又抹上橡膠汁凝固，看上去像大大開屏的孔雀羽毛，也像一把大扇子，環繞在那張死氣沉沉的黃臉周圍。……結果令頭部大小看似與身體同等。正如她們身上穿的硬撅撅的服裝誇張出她們的腰部和胸部膨脹不足那般，髮型令她們那張壓癟的側臉更突出。

這裡描寫的「穿和服的婦女」是宮廷女官或皇族，髮型很奇怪其實很正常，畢竟是宮廷髮型。

同「我」跳舞的女子，各個「相貌都一樣。她們像小貓似的故作滑稽，扁平的圓臉，杏仁般細長上吊的雙眼在嫻靜下垂的睫毛下左右滾動。如果不是身穿這種怪異服裝，不裝成鄭重其事的態度，而是像一般日本女子，像普通女子那樣捧腹大笑的話，應該是天真可愛的」。

這段描述明顯透露出作者和一般日本平民女子接觸過。而且在作者眼中看來，鹿鳴館舞會中的上流女子因裝腔作勢、故作姿態，遠遠比不上純樸的平民女子。

至於舞技，則形容為「穿戴著巴黎風味禮服的日本女子，舞技相當熟練。但是，那是被教熟的技術，完全缺乏個人風格，猶如自動玩偶在跳舞。如果偶爾跳錯了舞步，必須止步，重頭跳起」。

作者既然看出那是「被教熟的技術」，為何沒有更進一步地深思她們於幕後的苦練及無奈呢？

〈江戶的舞會〉中的「我」，和不少女子跳了舞。而且，明知不能向穿和服的女性邀舞，還故意去邀舞，結果被鄭重拒絕。深夜十二點半時，「我」和某位「令孃」跳了第三次舞，也是最後一支舞。這時，「我」的想像力擴展至「令孃」於舞會結束後的私生活。

她可以用整齊戴上手套的指尖，拿著湯匙漂亮地吃完冰淇淋。然而，過一會兒她回到家，一定會同其他女人一樣，在有紙拉門的家中，卸下尖銳的緊腰衣，換上飾有白鶴或什麼鳥的和服，趴在地板，進行神道或佛教的祈禱，最後用筷子吃一頓盛在碗裡的米飯的宵夜。

跳完舞的「我」，和這位小「令嬢」到陽台乘涼。威風堂堂的中國人高官也在陽台。陽台的氣氛始終很熱鬧，甚至很吵。德國人喝啤酒喝得醉醺醺，大聲唱著歌。接著，事前設置在庭園角落的煙火突然炸開。

之前外面都很黑暗，所以沒看到，煙火的亮光映出圍攏在鹿鳴館四周的日本人群眾。人們因驚奇而發出奇妙叫聲……

〈江戶的舞會〉最後描寫「我」從鹿鳴館返回橫濱的情景。

作者深知，日本這個國家打開門戶，迎接了文明開化，正在盡一切努力打算盡快與歐美列強並肩，才會產生「鹿鳴館的舞會」這種諷畫。

我在那裡經常情不自禁地笑出，並非出自惡意。想到他們的服裝、他們的舉止、他們的舞蹈，都是剛學會的，而且是速成，是基於天皇的命令迫不得已學成的東西時，真的不得不承認，他們是一群驚人的模仿者。

作者既然形容為「驚人的模仿者」，可見鹿鳴館雖然「雪白、嶄新」，很像法國一些療養地的賭場，但裡面進行的一切應該都完美無缺。至少在表面上看來。

芥川龍之介的〈舞會〉

芥川龍之介的短篇小說〈舞會〉則發表於大正九年（一九二〇）一月的《新潮》雜誌。

此作品明顯參照了〈江戶的舞會〉，且不是

原文，而是一九一四年出版的意譯日文翻譯小說《日本印象記》。〈江戶的舞會〉正是收錄在這本意譯日文小說內。

小說的梗概很簡單。

十七歲的名門「令孃」明子，於明治九年（一八八六）十一月三日夜晚，同父親出門參加生平第一次的舞會。舞台是鹿鳴館。明子的美貌迷倒了所有賓客。

在菊花盛開的舞廳，某位陌生法國海軍軍官邀請明子跳舞。明子與這名穿軍服的青年持續跳著華爾滋和波卡舞。受過法語教育與舞蹈訓練的明子，和青年對等地聊天，品嚐冰淇淋。但是，青年的表情看上去很孤獨。

明子向青年承認很想去看看巴黎的舞會，青年卻自言自語地答「無論哪裡，舞會都是一個樣子」。之後，兩人在陽台一起觀看煙火時，青年軍官默默無言望著星光燦爛的星空，明子問青年在想什麼，青年說出此篇作品的名言：

「我在想煙火的事。好比我們人生一樣的煙火。」

接著便是小說結尾。

大正七年（一九一八）秋天，某青年小說家在火車內偶然遇見明子——現在的H老夫人。老夫人看到青年小說家拿著的一束打算送給友人的菊花，想起往事，向青年小說家詳細描述了鹿鳴館舞會的盛況。

青年小說家知道舞會中那位青年海軍軍官正是法國小說家皮耶・羅逖，自然湧起一股「愉快的興奮」。青年小說家向老夫人確認了軍官的名字，老夫人回說「他叫 Julien Viaud」。

芥川龍之介。

青年小說家說：「這麼說是羅逖了。就是寫《菊夫人》的皮耶・羅逖。」

老夫人卻喃喃地一再說：「不，他不叫羅逖。他叫朱利安・比奧。」

比起羅逖的〈江戶的舞會〉，芥川龍之介的〈舞會〉全篇徹頭徹尾不惜讚美華麗的世界與舞會中那些美麗的女性。

例如明子抵達鹿鳴館時，便可以聽到「台階上的舞廳，歡樂的管絃樂聲，彷彿無法抑制的幸福的低吟，片刻不停地飄蕩出來」。至於舞廳，芥川龍之介更一味地描寫燦爛的菊花以及繡衣朱履的婦女。

> 到處是盛開的嬌美菊花。而且，放眼望去都是等候邀舞的名媛貴婦身上的蕾絲、佩花和象牙扇，在清爽的香水味裡，宛如無聲的波浪在翻湧。

在芥川的文章中，找不到任何羅逖形容的「與猴子一模一樣」的日本人，也找不到「走起路來呈內八字的雙腿、扁平的鼻子」的日本女子，以及「很像我國一些療養地的賭場」之詞彙。

即便羅逖的文章透露出作者對東洋新興國家的蔑視，但他以銳利的觀察力描繪出紀實風格的小說，芥川則將其徹底美化，改編為一篇完美的虛構小說。

〈江戶的舞會〉和〈舞會〉二者之間最大的差異，正是小說的「視點」。換句話說，〈江戶的舞會〉的視點是海軍軍官的「我」，而〈舞會〉的視點卻是與海軍軍官跳完最後一支舞的小「令孃」——也就是明子。

從一名十七歲、初次在社交界亮相的少女眼中看來，鹿鳴館的世界宛如在暗示日本的光明將來，而且也象徵伴隨文明開化而來的一切光彩，那是夢幻的世界。

對這麼一名少女來說，她當然缺乏海軍軍官的諷刺眼光。

與明子跳舞的青年說的那句「我在想煙火的事。好比我們人生一樣的煙火」，正是芥川龍之介想說的。

展開剎那的華麗之美，又立即消失在黑夜的煙火，確實暗示著鹿鳴館的舞會是今宵為限的舞台。海軍軍官正是芥川的分身。連在陽台觀看煙火，覺得煙火是那麼美的明子，也萌生一股「美得令人悲從中來」的感觸。

鹿鳴館時代僅維持了五年，井上馨於明治二十年（一八八七）九月辭去外務大臣職位後，鹿鳴館也隨之閉幕。

雖然之後的數年間依舊開辦天皇生日晚會，卻完全失去了國際社交界的燦爛色彩。

1 約書亞・康德（Josiah Conder, 1852-1920）。

2 派特・巴爾（Pat Barr, 1868-1905）。

3 《鹿鳴館》（*The Deer Cry Pavilion: a story of Westerners in Japan*）。

4 皮耶・羅逖（Pierre Loti, 1850-1923）。本名Julien Viaud，法國小說家、海軍軍官，著有《冰島漁夫》、《拉曼邱的戀愛》、《菊夫人》、《秋天的日本》等四十餘部小說。

影響日本女性的同時代外國女性

日本明治時代始於一八六八年，兩年後的一八七〇年，南北戰爭終結的美國進行修正憲法，廢止奴隸制，並賦予奴隸及所有膚色的人都有選舉權。儘管如此，當時的美國女性依舊沒有投票權。不僅美國，英國的女性也如此，其他國家的女性亦然……這其實是全球性落後的現實。

法國小說家皮耶．羅逖描寫鹿鳴館舞會情景的〈江戶的舞會〉時，出現在巴黎社交界舞會的女性地位，也和日本上流夫人、令孃沒兩樣。她們穿著用銀線織成的裙子，頭上戴著裝飾無數星星的絲絨髮帶，腰上繫著鑲嵌綠寶石和鑽石的腰帶，髮上插著鑽石簪子，發出銀鈴般的笑聲，穿梭在男性之間。

換句話說，連最先進的法國女性也停滯在只顧奢侈打扮自己，以趨奉男性為人生目標的「性別」上。

引導女性步入近代的兩顆星辰

然而，正是以一八七〇年代為境界，一些與之前的女性迥然不同的女性陸續誕生。這是個很奇怪的時代。

迄今為止留名青史的女性，歸根究柢都是以「女人」為武器，或者，利用「女人」的立場活躍在男人的縫隙中。但是，對這批新出現的

居禮夫人。

女性來說，她們不但不需要「女人」這個頭銜，甚至連「女人」這個名詞也失去任何意義。她們以獨立的、與男人平等的人格登場。

也就是說，不再是「History」，而是該寫為「Herstory」。

在這批女性之中，對近代日本的知性女性影響最大的人，是居禮夫人[1]和俄羅斯的數學家柯瓦列夫斯卡婭[2]。正是在這兩顆耀眼星辰的引導之下，近代日本接二連三出現了女性學者和女性研究家。

柯瓦列夫斯卡婭。

大抵說來，在學術世界中，男人和女人是平等的。女性學者和女性研究家的出現，是一種與女性解放運動完全不同路線的「女性解放」。

居禮夫人出生於一八六七年（慶應三年）的波蘭。她在貧困環境下成長，畢業於索邦學院[3]。一八九四年（明治二十七年）春天，結識了法國人物理學家皮埃爾．居禮[4]。皮埃爾．居禮看出她具有讓學問和婚姻兩立的資質，她也在他身上看到同樣的夢想。

居禮夫人寫道：「暑假到來時，我們的友情已經成為不可替代的無上至寶，兩人都深知，這世上再也找不到比對方更好的伴侶了。」

翌年七月，兩人結了婚。一八九八年（明治三十一年），夫妻發現放射性元素釙（Po）和鐳（Ra），與亨利・貝克勒[5]共同獲得了一九〇三年的諾貝爾物理學獎。居禮夫人也因此成為歷史上第一位獲得諾貝爾獎的女性。

婚後第十二年的一九〇六年（明治三十九年），皮埃爾在一場馬車車禍中喪命。苦惱的居禮夫人鼓勵自己：「縱使變成失去靈魂的殼，仍然必須持續研究。」

一九一一年（明治四十四年），居禮夫人又因成功分離了鐳元素而獲得諾貝爾化學獎。她是歷史上第一個獲得兩項諾貝爾獎的人，而且是在兩個不同領域獲得。

柯瓦列夫斯卡婭則生於一八五〇年（嘉永三年）。當時的俄羅斯女性不能接受高等教育。為了研究學術，她決心不顧一切，於一八六八（明治元年）年和古生物學、地質學學者假結婚並出國，在柏林大學當非公式的旁聽生。

一八七四年（明治七年），以偏微分方程等兩篇論文獲得學位。這一年，她和丈夫的假結婚變成真結婚，也在這一年回到俄羅斯。可是，即便她獲得學位，即便她在數學界已名高天下，卻因為性別是女性，依舊無法在大學教書，最高的職位竟然是小學算數老師。

灰心之餘，她遠離了學術界，在社交界登場，並因具有文才，也伸展至文學界。一八七八年（明治十一年）生了一個女兒後，才再度燃起對數學的熱情火焰。

一八八三年（明治十六年）三月，她在巴黎逗留時，丈夫自殺了。受到打擊的她陷於蟄居、拒食、神志不清的狀態。清醒時，就在筆記本胡亂寫著算式，過著頹廢的生活。同年秋天才恢復。

一八八四年（明治十七年），柯瓦列夫斯卡婭終於成為北歐第一位女教授，到斯德哥爾摩大學就任。之後，因「剛體繞定點旋轉問題」論文而獲得法蘭西科學院鮑廷獎[6]。同一年，成為全球最早擔任科技學術期刊的女編輯。

遺憾的是，她在一八九一年（明治二十四年）得了流行性感冒，因併發肺炎而過世。享年四十一歲。

不過，由於她得天獨厚具有的文筆才能，她的自傳給日本女性帶來很大影響。

提油燈的貴婦人

另一個影響日本女性的人是南丁格爾。

南丁格爾出生於義大利一個英國富裕仕紳的家庭，卻立志當護士。當時的人認為護士是最下賤的職業，有時也兼任酗酒的娼婦。儘管父母和周圍的人強烈反對，南丁格爾依舊貫徹到底。

一八五三年（嘉永六年），美國海軍將領馬修・培里率領黑船打開堅持鎖國政策的日本國門，日本國內物情騷然。在歐洲，則是克里米亞戰爭爆發。許多英國官兵被送到戰場，南丁格爾聽聞野戰醫院的慘狀時，決心前往只有男人存在的嚴酷世界——戰場。

南丁格爾。

她在戰場超人地工作。有時持續站著二十小時護理傷兵，每夜提著油燈巡迴寬廣的醫院，安慰傷員。通過她的努力，死亡率從四二%降至二%，人們讚譽她為「提油燈的貴婦人」。

戰後，她又致力培訓護士及醫院改革，真摯地獻身於近代護理法。她在克利米亞戰爭隨軍的三十七歲那一年，因心臟病發作而倒下，此後一直受困於慢性疲勞症候群。去世之前的大約五十年期間，她幾乎都在床上度過，活動支杜是寫書和寫信件。

要將南丁格爾看成是明治時代同時代的人，似乎有點勉強。但是，明治時代的教科書收錄了她的事蹟，就精神方面來說，她確實給明治日本帶來很大影響。

影響日本女性最大的人物

其他亦有許多外國女性影響了日本女性，例如幫助英國女性贏得投票權的婦女參政運動領導者艾米琳・潘克斯特[7]，以及德國共產黨奠基人之一的羅莎・盧森堡[8]，另有瑞士的教育學者、女性運動家的愛倫・凱[9]等人。

她們都是女性自覺意識覺醒的女性。

她們的實際行動或許各有差異，卻不折不扣是亨利・易卜生[10]著作的《玩偶之家》[11]中的娜拉。

亨利・易卜生。

娜拉一直活在傳統的婚姻制度下，丈夫視她為需要溺愛縱容並責罵的小孩子，並以帶輕視、貶低的稱呼喚她，例如「小雲雀」和「松鼠」。娜拉為了丈夫，始終在扮演一個頭腦簡單的幼稚妻子角色。

後來她覺醒了。

她發現從前她在家被父親當作玩具，婚後，她的丈夫亦當她是玩偶妻子。娜拉決定離開，尋找真正的自己和了解自己的生存意義。

戲劇以娜拉離開，帕嗒一聲關上門的聲音為結尾。

易卜生於一八七九年寫了這篇劇作，也就是明治十二年。

給明治日本女性帶來最大影響的同時代的外國女性，說不定正是娜拉。

1 居禮夫人（Madame Curie, 1867-1934）。

2 柯瓦列夫斯卡婭（Sofia Kovalevskaya, 1850-1891）。

3 索邦學院（Collège de Sorbonne）。巴黎大學前身。

4 皮埃爾・居禮（Pierre Curie, 1859-1906）。法國物理學家、化學家。

5 亨利・貝克勒（Henri Becquerel, 1852-1908）。法國物理學家。

6 鮑廷獎（Prix Bordin）。

7 艾米琳・潘克斯特（Emmeline Pankhurst, 1858-1928）。

8 羅莎・盧森堡（Rosa Luxemburg, 1871-1919）。

9 愛倫・凱（Ellen Karolina Sofia Key, 1849-1926）。

10 亨利・易卜生（Henrik Johan Ibsen, 1828-1906）。挪威劇作家，現代現實主義戲劇的創始人。

11 《玩偶之家》（*A Doll's House*）。亨利・易卜生於一八七九年的劇作，亦是他的代表作品，又譯作《娜拉》。

附錄：日本明治時代生活史年表

（明治元年～明治三十年【一八六八～一八九七】）

一八六八／明治元年		
一月	發出「王政復古」大號令。 皇室第一次命大膳職做肉類菜。 新政府訂定每月有一和六的數字之日為假日。行政機關上班時間是上午十點，下午四點下班。	◆美國芝加哥奧爾頓鐵路公司（Chicago and Alton Railroad）首次運行餐車。 ◆法國發明乾電池。 ◆德國開創近代整形外科。
二月	德川慶喜允許家臣自由買賣、出租武士宅邸及拜領的宅邸。 政府軍進入江戶，廢止大名（諸侯）的妻子與孩子不能離開江戶的制度。	
四月	東京神田出現第一家西洋洗衣店。	
七月	天皇發出將「江戶」改稱為「東京」的詔書。 會津城陷落，多數藩士戰死、自殺，瓜生岩子開設「日新館」養育孤兒。	
八月	東京築地酒店落成。具有壁爐、抽水馬桶等近代設備，日本第一家近代西式酒店。	
十月	明治天皇在銀座車上遊行。銀座遊行的第一號。 「江戶城」被定為皇居，改稱為「東京城」。	
十二月	禁止產婆販賣墮胎藥並為婦女墮胎。	
一八六九／明治二年		
一月	旅遊自由制度開始。 廢除關所，允許婦女自由旅行。	◆流行西洋棋（國際象棋）。 ◆坐墊在一般家庭普及。 ◆第一次進口保險套。

二月	禁止男女混浴。	◆吸塵器在美國首次上市。 ◆英國倫敦建設世界最初的混凝土橋。
三月	廢止兩、分之四進法，採用元、錢的十進法。	
十月	橫濱燈台政府機關和法院之間鋪設電線，進行電話實驗。電話的第一號。	
十二月	東京—橫濱開通電信，開始處理公共電報。	
十二月	全國被分成三府二百七十一藩四十六縣。	
一八七〇／明治三年		
一月	制定「日之丸」（太陽旗）為國旗。	◆英國郵政省發行全球首張郵政明信片。 ◆英國，義務教育制度化。 ◆美國密西根大學自一八一七年創立以來，第一次允許女性入學。 ◆美國紐約開通地鐵。
	名古屋藩開設女學校。	
二月	政府禁止貴族染牙（用鐵漿把牙齒染黑）、畫眉（畫在額頭上的眉毛）。	
四月	實施種痘。新政府下令各府藩縣地方政府，連偏僻地方也要進行種痘。	
九月	美國荷蘭改革教會（Dutch Reformed Church in America）的傳教士吉德女士（Mary Eddy Kidder, 1834-1910），在橫濱赫本「平文塾」任教，開始女子教育。兩年後自己開辦學校，之後發展成為菲利斯神學校，即現在的菲利斯女子學院（Ferris University）。日本最初的女子教育機關。	
	允許平民冠姓（四民平等）。	
十二月	第一家牛肉銷售店在靜岡開張。	
一八七一／明治四年		
三月	公佈戶口編制法，各戶住宅均必須訂定地址號碼。	◆東京的人力車四萬台，京都卻僅有數十台。 ◆東京流行騎馬。但禁止夜間通行、無燈籠騎馬。
	妓女性病防治法成立。	
四月	發行日本最初的郵票。	
	允許平民騎馬。	

七月	國內旅遊自由化。天皇公佈「廢藩置縣」的詔書。全國三府三百零二縣。	◆武士失業者改行金屬手工、扇子工匠的人劇增。
八月	允許華族（貴族）、士族（武士階級）、平民之間通婚。政府機關開始使用進口椅子。製作大名轎子的東京手藝人在長崎跟著外國人學習組裝椅子技術，在東京開始製作椅子。	◆德意志帝國成立。◆美國的愛迪生發明打字電報。
九月	官吏的歲錄成為月薪。在皇居舊城堡中心，每天正午擊出空炮報時。直至昭和四年（一九二九）四月，持續了五十八年。報時的開始。	
十一月	宮中早餐開始換為麵包和牛奶。津田梅子（九歲）、山川捨松（十二歲）等五人，隨岩倉具視使節團赴美，日本最初的女子留學生。	
十二月	允許貴族、士族從事農工商業。	
一八七二／明治五年		
一月	實施戶口調查。總人口三三一一萬八百二十五人，其中女性一六三一萬四千六百六十七人，男性一六七九萬六千一百五十八人。族群稱呼為皇族、貴族、士族、平民四種。	◆「美術」新詞誕生。工部大學校長絞盡腦汁將英文的Fine Art翻譯成漢字「美術」，但本人似乎略為不滿。因為Fine Art包括音樂和文藝。
二月	日本文部省在大學高中校內設立女子學校。東京府實施一日三次郵遞。	◆鞦韆逐漸普及。
三月	高野山解除女人禁制。	◆美國設置全球最初的國家公園。
四月	允許僧侶肉食、成家、留髮，以及法事外穿便服。東京府禁止女子剪成短髮。准許女子登富士山。制定星期日為休假日。	
六月	禁止自葬，葬禮必定請神官、僧侶主辦。禁止在私有耕地一部分埋葬遺體。	

月	事件
八月	制定學制。在全國分學區，各學區內各自設立大學、初中、小學，期望全國國民就學。義務教育的開端。 《東京日日新聞》刊登招聘乳母廣告，日本首次招聘廣告。 司法省開始拍攝殺人犯的照片。
十月	禁止人口買賣，禁止至今為止的娼妓年限制度，年限五年。 國營富岡絲綢工廠開業。
十一月	明治政府公佈廢止陰曆，採用太陽曆（以十二月三日為明治六年一月一日），並採用一天二十四小時制。 准許女性觀看大相撲。

一八七三／明治六年

月	事件
一月	妻妾以外的婦女生的孩子為私生子，由女方負責撫養，若男方承認是自己的孩子，可以成為孩子的法定父親。 准許女子成為戶主。 准許尼姑蓄髮、吃肉、結婚、還俗。
三月	准許男女與外國人結婚。
四月	政府公佈狗飼主要申報家犬戶口。
五月	准許妻子的離婚請求；准許妾升級為妻。
六月	日本最初的銀行第一國立銀行成立，現在的第一勸業銀行。
八月	設立陸軍省軍醫學校，並開設獸醫學科。日本首次的西洋獸醫學科。
十月	東京開始銷售取暖爐。
十一月	青森縣岩木山，女性首次登山。
十二月	准許寡婦戶主招贅。 發行郵政明信片，一張五厘。

◆開始製造國產肥皂。
◆日本最初的「小學讀本」（小學課本）第一次出現漢字「時間」新詞。
◆英國禁止僱用八歲以下的兒童。
◆英國出現最初的臥鋪車。
◆美國第一次出現「生態學」（Ecology）新詞。
◆美國舊金山實際運行全球最初的纜車。

一八七四／明治七年

二月	訂定年齡計算法，幾年幾月幾日。
三月	國立學校星期日停課。
五月	政府規定夫妻離婚時，孩子的戶籍歸父方，若欲歸母方，必須向官署申報登記。
十一月	《讀賣新聞》創刊。

- ◆東京出現一天送三次盒飯的便當店。
- ◆開始製造國產鉛筆。
- ◆煤油燈（玻璃燈）迅速普及，方形紙罩座燈（油燈）逐漸消失。
- ◆國產首次的手推消防泵完成。
- ◆房屋開始裝設避雷針。
- ◆文部省醫務局長創漢字「衛生」新詞。
- ◆開始出售彩色浮世繪版報紙。讓當時受歡迎的插圖畫家畫出報紙熱門話題的凶殺案、八卦、奇談等浮世繪。
- ◆法國禁止工廠僱用不滿十三歲的兒童。
- ◆美國實現完全機械化的皮鞋製造。
- ◆英國製造三輪電動車。

一八七五／明治八年

二月	國家首次正式僱用女工（大藏省紙幣宿舍）。
三月	禁止對女囚施行「棒鎖」。「棒鎖」是在腰部繫上鐵鍊，下垂的鐵鍊先端固定在站台上，囚犯不能移動也不能躺下，全天候罰站，就地排泄。
四月	東京開始製造火柴。
	東京實施郵政存款，全球第四號。
六月	東京夜市繁盛，從今川橋到眼鏡橋排列四百五十家夜店。
八月	北海道開拓使團舉行女子學校開學典禮。

- ◆開始製造西式眼鏡。
- ◆東京銀座的下水道工程竣工。日本最初的現代化下水道。
- ◆全國的小學二萬四千二百二十五所，大體上全國各鎮村都有學校。
- ◆倫敦開設最初的四輪滑冰場。
- ◆美國設計出瓦楞紙板。
- ◆英國解放被認為是虐待象徵的煙筒打掃兒童。
- ◆牙科用電鑽頭在美國登場。
- ◆美國製造打字機。
- ◆奧地利完成印刷製版法。
- ◆丹麥的諾貝爾發明膠質炸藥。

一八七六／明治九年

一月	全國人口三四三三萬八千四百零四人，戶數七二九萬三千三百一十戶。 北海道完成全道一圈郵政路線。 東京警視廳制定賣淫懲罰條例。
二月	大阪—京都（四三・一公里）鐵路全線通車。京都—神戶開始運行直達列車。
三月	大阪府立醫院開創產婆教育，並予以執照，是日本最初的產婆執照。
五月	東京上野公園開園。
八月	撤消並合併府縣，全國變成三府三十五縣。
九月	設立私立華族學校，女子也可以入學。
十一月	東京女子師範學校開設日本第一所附屬幼稚園，入園者為七十五名二至六歲幼兒，托兒費一個月二十五錢。
十二月	規定各家各戶必須在大門掛上記載姓名、地址門號的名牌。 全國人力車達十二萬台。

◆漢字「家庭」新詞普及。
◆小學數二萬四千九百四十七所。公立二萬三千四百八十七所，私立一千四百六十所，教員數五萬二千二百六十二人。
◆農業學者津田仙，通過農業雜誌銷售海外的種苗。郵購的開始。
◆國產橡膠氣球上市。
◆開始在日本觀測臭氧層。
◆美國開始銷售番茄醬。
◆美國製造全球最初的地毯吸塵器。
◆俄羅斯發明弧光燈。
◆英國公佈初等教育條例。禁止僱用十歲以下的兒童，規定兒童教育是父母的義務。
◆美國紐約中央公園完成。

一八七七／明治十年

二月	東京帝國大學首次設置女子專用廁所。
六月	《郵便報知新聞》報導「西南戰爭」山口縣士族叛亂的「萩之亂」時，用了漢字「號外」新詞。第一次使用「號外」這個詞。 警視廳制定最初的交通規則，禁止酩酊大醉者駕駛馬車。

◆女用陽傘初次登場。
◆東京的西洋洗衣店十家。
◆長崎建成日本最初的罐頭工廠。
◆長崎的攝影師上野彥馬帶著兩名弟子隨軍「西南戰爭」，是日本首位的隨軍攝影師。

七月	東京府開始招募小學女子教員。 東京女子師範學校制定女教師名稱為「保姆」，「姆」為慈母之意。 京都流行冰水店，兩年前沒有人賣冰水，今年夏天變成一町有十家店。	◆美國愛迪生發明留聲機。 ◆德國開發最初的滑翔機。 ◆美國波士頓設立第一家汽車工廠。
八月	京都府向家犬和藝人徵稅。家犬一隻一個月二十五錢，藝人是演員、落語家、軍紀說書家、三弦老師，一個月一元。 東京上野第一次勸業博覽會初次設置美術館，漢字「美術」新詞成為公稱語。	
九月	函館地方廳公佈，捕殺熊、狼，一頭支付二元。札幌中央廳也一樣。	
十月	私立華族學校開學典禮，天皇出席，給予「學習院」稱號。	
十一月	東京的牛肉鋪五百五十八家。	

一八七八／明治十一年

三月	少女之間流行穿襯衫。 東京府立醫院設置產婦分娩室。	◆青森、千葉、山梨、高知、島根、鳥取和鹿兒島縣等紛紛設立女子師範學校。 ◆小學授課一日五小時，一週三十小時，星期日放假。科目是朗讀、毛筆字、算術、國語、地理五科。 ◆都市的人口（超過十萬的只有五座） 東京　六十七萬人 大阪　二十九萬人 京都　二十三萬人 名古屋　十一萬人 金澤　十萬人 ◆全國的小學入學率四一・二％，男五七・五％，女二三・五％。 ◆開始製造無邊眼鏡。
四月	工部大學校舍落成，舉行開校典禮。有電信、建築、實地化學、採礦學、鎔鑄學等七學科。現在的東京大學工學系。 完成只有日本人工程師製造的軍艦。	
五月	富山縣五百名漁民主婦因縣內白米短缺，發動阻止三菱汽船運輸縣內白米出海的抗議活動，六人被捕。	

六月	大藏省紙幣局提供六百多名男女工人的工作服。 日本最初的廣告代辦業在東京銀座開業。 東京的人力車配置報紙當做服務項目的車夫劇增。	◆流行毒婦小說。 ◆美國發行全球第一本電話簿。記載著五十名加入者。 ◆美國愛迪生電燈公司成立。
十一月	東京女子師範學校第一次實施學校體操。	◆英國倫敦開始銷售方糖。 ◆英國發明麥克風。
一八七九／明治十二年		
一月	高橋傳被處刑，明治時代最後一名被處斬首刑的例子，並對處刑後的屍體實施解剖。	◆全國各地的學校紛紛開設附屬幼稚園。東京開設第一所私立幼稚園。 ◆東京府下的自行車數一千零六十三台。
二月	內務省正式頒發產婆畢業證書。 神奈川縣開始製造日本最初的火腿。	◆霍亂發生。全國患者數十六萬八千三百一十四人，死亡人數十萬一千三百六十四。
五月	宮中的雅樂課開始練習鋼琴。 長崎造船所船塢竣工，全長一百四十公尺，是當時東方國家中規模最大的船塢。	◆名古屋在消防泵使用日本首次的軟水龍帶，迄今為止都是人力手推射水機。
八月	為預防霍亂，禁止銷售蔬菜、魚類，導致各地發生搶米商案件。 嘉仁親王（大正天皇）誕生。	◆英國最初的餐車登場。 ◆德國發現淋菌。
十二月	發行往返明信片。	◆德國首次開設心理學講座。
一八八〇／明治十三年		
二月	某雜貨店在橫濱車站月台開店。車站售貨亭第一號。 奈良公園開園。	◆發生抵制進口貨、獎勵國貨運動。 ◆開始製造懷錶。
三月	東京本所火柴工廠實施女工夜間教育。	◆禁止男性進行產婆業。
四月	東京府下的公立學校新設學校唱歌科目（音樂課）。	◆東京附近的攝影師數一百五十一人，其中，淺草三十人。京都府的攝影師四十三人。
五月	日本基督教青年會（ＹＭＣＡ）在東京創立。	
七月	宮城醫院首次招募四名護士。	◆德島縣從高知縣獨立。

八月	函館醫院設置海水浴場，實施婦女子宮病治療實驗。	◆挪威發現痲瘋桿菌（韓森氏桿菌）。 ◆狂犬病預防在法國成功。 ◆德國發現斑疹傷寒菌。 ◆英國倫敦大學，授予女子學位。 ◆在阿拉斯加發現金礦，淘金熱開始。
九月	岡山醫學校首次將婦人科設為獨立科目。	
十月	日本國歌「君之代」完成。	
十二月	日本官廳貴族院首次僱用八名女侍。	
一八八一／明治十四年		
一月	東京氣候嚴寒，隅田川結了一層厚冰，小孩可以在河面冰上渡行。	◆札幌農業學校演武場（練武之所）屋頂安置鐘樓。日後成為札幌地標「札幌鐘樓」。 ◆每天夜晚，點燈夫會在排列於東京京橋大道的煤氣路燈一支支點燈。 ◆神功皇后肖像的紙幣登場。肖像紙幣第一號。 ◆明治四年十一月前往美國留學的五少女之一，永井繁子回國。不久，舉行日本人首次的鋼琴獨奏會。 ◆開始製造風琴。 ◆美國開始批量生產鋼架預鑄建築。 ◆美國發明使用膠卷的照相機。
五月	《石川新聞》首次刊登某男子的徵婚廣告。	
七月	日本首次的人壽保險公司「明治生命保險」開業。契約者八百八十三人。	
八月	正式稱呼東京大學本科生為「學生」，其他小學生與大學生則稱為「生徒」。	
九月	日本最初的獸醫學校「私立獸醫學校」在東京建校。日本獸醫畜產大學的前身。 設置鳥取縣。	
十二月	制定消防官的制服制帽。 牛肉鍋舖「伊呂波」在東京開店。此後，二十多年內又開張了將近二十家連鎖店。日本連鎖店的鼻祖。	
一八八二／明治十五年		
一月	北海道的阿伊努族三千七百六十三戶，一萬六千九百三十三人。 郵筒從柱子架式改為豎立箱子式。	◆自行車普及為女子運動項目之一。 ◆東京的麵包店一百一十六家。紅豆麵包一個一錢。 ◆結婚總數約三十一萬組，平均初婚年齡男二十五歲十個月，女二十一歲八個月。（內務省調查）
二月	廢止北海道開拓使，設置函館、札幌、根室三縣。	

三月	東京上野動物園開園，並開設博物館的附屬館動物園。日本最初的動物園。入園費平日一錢五厘，星期天二錢，五歲以下免費。 關西流行女子演講。
五月	三重紡積所開業，僱用六十名舊藩士子女，制定男女技工管理規則。工作時間、休假、制服等均為近代化規則。
六月	在美國留學的山川捨松於美國的大學畢業。 《讀賣新聞》漫畫欄登場。 東京，新橋—日本橋馬車鐵路開通。日本最初的馬車鐵路。
七月	高知縣流行給女子取名為「自由子」，男子則為「自由太郎」、「自由吉」、「自治之助」等。「自由」、「自治」這兩個詞非常流行。 日本扇子在義大利大受歡迎，出口年均突破五十萬。價格是一百把四～五元。
十一月	東京電燈公司成立事務所，在銀座二丁目大倉組前展示二千燭光的弧光燈。一般大眾首次看到電燈。
十二月	皇宮內庭首次點電燈，天皇觀覽。

◆在上野公園一角開設的動物園，開園當初，園內可以稱得上「猛獸」的動物只有棕熊。明治十九年（一八八六），帶著眾多動物來日本表演的義大利馬戲團在神田秋葉原演出。演出期間，馬戲團的老虎生了三頭小老虎。馬戲團將其中公、母各一頭與上野動物園的兩頭棕熊交換。翌年二十年公開後，小老虎一躍成為動物園的明星，年間二十萬左右的入園者增至二十四萬。二十一年又加入印度象後，入園者突破三十五萬人。

◆美國紐約開始火力發電的電燈事業。愛迪生開開關，點亮四百盞電燈。

◆義大利為治療肺結核首創人工氣胸。

◆德國發現肺核菌。

◆丹麥完成最初的實用潛水艇。

一八八三／明治十六年

一月	全國基督教信徒劇增。
二月	東京氣象台聚集全國十一處氣象觀測所的氣象觀測數據，開始製作天氣圖。三月一日以後，每天印刷分發。 東京大雪，積雪四尺深。交通斷絕，白木屋（東急百貨公司，一九九九年關閉）創下客人零人的珍奇記錄。
三月	京都府立女紅場的體操課，以「體操對嫁人無益」為由，退學者接二連三。

◆明治八年，東京氣象台成立，直至明治十六年，全國約有二十處氣象觀測所。三月一日開始發行天氣圖，五月二十六日發出第一號暴風雨警報。內容是四國、關西方面有暴風雨的危險。當時將暴風雨警報打成電報通知各地的政府機關和報社，非常繁忙。警報正確，神戶和北陸沿岸均停止船起航，防止了大損失。在亞洲也是首次的壯舉。

四月	大藏省印刷局，因清晨開始工作，決定免費提供男女工早餐。	◆全國各地開始興辦少年棒球隊。 ◆開始正式製造西餐餐具。
五月	東京氣象台發佈日本首次的暴風雨警報。	◆橫濱外國人居民總數男女三千四百六十八人。英國人六百一十八人，美國人二百五十五人，法國、德國人一百一十六人，清國二千一百五十四人。
六月	警視廳指示讓孩子掛上防止走失的姓名住址牌。	
七月	派出所開始使用紅燈。	◆芝加哥－紐約開通電話。
八月	鹿鳴館落成。 大阪紡織公司開業，並開始實施深夜作業，之後，紡織業的夜間工作急速一般化。男工最初工資以一日二升米份為基準的十二錢，女工則為七錢。這一年的米價小賣價是一升六～七錢。	◆英國實驗生產人造纖維。 ◆德國發明空氣淨化設備。 ◆倫敦的地鐵站設置明信片自動售貨機。自動售貨機第一號。
十一月	鹿鳴館舉行開館儀式。	◆紐約布魯克林大橋開通。
十二月	修改徵兵令。兵役年限延長至現役三年、預備四年、後備五年，計十二年，並創設現役志願軍等。徹底進行國民皆兵主義。	
一八八四／明治十七年		
一月	東京大學第一醫院開設婦人科，也設置產房，女子可以住院生孩子。亦設置眼科病房。	◆用進口理髮器理頭普及。
四月	學習院成為宮內廳管轄的國立學校。以前是貴族會館經營的私立學校。	◆美國保險營業員設計鋼筆，取得專利。 ◆泰國王室珍藏的暹羅貓被帶到英國繁殖。
六月	日本第一部婦女雜誌《女學雜誌》創刊。 允許女性醫師開業。 東京氣象台開始天氣預報。派出所開始張貼天氣預報佈告。	◆德國首次開通有軌電車。
七月	制定貴族令，爵位區分為公、侯、伯、子、男五爵。	
八月	東京、大阪之外，名古屋、熊本、廣島也開始實施於正午擊出空炮的報時制度。	

十一月	宮城監獄新設女子牢房，收容各地的女囚。 東京淺草公園設置四十張鐵製長椅子。
十二月	東京大學醫學系開始為市內的產婦出診。因為是學生研究用，車錢、診察費、手術費等全部免費。
一八八五／明治十八年	
一月	下令貴族女性一定要取名為「某某子」。 樂隊遊行宣傳廣告商在東京登場。
二月	行人在路上遇見軍隊時，為避免撞到軍人右肩的槍，必須右側通行。
三月	荻野吟子，國家醫術後期考試合格，成為日本最初的女醫師。
五月	荻野吟子開辦婦科醫院。
七月	實施國內電報費定價制。一律字數制，十字以內十五錢，每增加十字十錢。 宇都宮車站開始銷售車站便當。日本最初的車站便當。包著鹹梅灑上芝麻的白米飯團二個，配上醃蘿蔔，用竹皮包起，價格五錢。當時蕎麥麵一碗一錢，所以車站便當不算便宜。
八月	日本的專利第一號，防銹塗料被批准。專利二、三、四號是改良製茶機。 小學的課程編入珠算。
九月	東京女子高等師範學校將制服定為洋裝。准許學生束髮。「束髮」意指仿效西方婦女把長髮鬆軟地束成髮髻，夜晚睡覺時可以放下。傳統的日本髮型需要抹油，無法隨意放鬆。 設立東京女梳髮師同業工會。工會會員約四千人。當時，梳髮店的價格是五～十五錢。

◆女性開始流行束髮。

◆陸軍省決定採用麵包為軍糧。

◆國產墨水上市。

◆京都地區流行飼養洋犬。以前七十～八十元的洋犬漲價至一百元，十元的洋犬也漲至十七～十八元。

◆美國開始銷售冷凍機。

十一月	華族女子學校建校典禮（皇后出席），室內體育館竣工。	
十二月	福井縣出現日本第一位有執照的女性藥劑師。 撲克牌上市。	
一八八六／明治十九年		
一月	北海道廢止三縣，設立北海道廳。	◆長崎流行霍亂，夏季侵入大阪、東京，並擴展至青森、北海道，至十二月為止。全國患者十五萬五千九百二十三人，十萬八千四百零五人死亡。
三月	公佈帝國大學令，東京大學改稱「東京帝國大學」。 京都出現日本第一位擁有執照的女獸醫。	
五月	甲府雨宮製絲場，減薪，將日薪三十二～三十三錢降低了十錢，而且依據遲到、早退，均大幅扣除工資，導致女工施行罷工運動。日本最初的近代式罷工例子。	◆緬甸成為英國的殖民地。
六月	年輕女子之間流行將白手帕纏在脖子。 決定讓宮中女官換穿洋裝。外僑紛紛反對。	
十一月	泥瓦匠、木匠、屋頂匠、磚匠、家具匠等日本建築的工匠二十一人出發到德國留學三年。	
十二月	沖繩廢止女性紋身。	
一八八七／明治二十年		
一月	皇后公佈「獎勵洋裝思召書」。	◆護士第一期生畢業。 ◆西餐館於飯後送出咖啡的習慣普及。
二月	東京流行飼養日本狆。	◆汽水上市。
三月	公佈所得稅法。向年收入三百元以上的人徵稅，不向法人徵稅。 警視廳制定垃圾管制法，規定各家各戶設置垃圾容器，並指定全國二百多家垃圾搬出業。	◆全國一百歲以上的老人九十七人。四十四人是一百歲，最高齡是一百一十歲 ◆為了配合學校的上下課時間，時鐘在農村普及。
四月	報紙首次介紹歐美習慣的「愚人節」。 禁止說書人和落語家以罪犯的一生為題材。	◆隱形眼鏡在德國誕生。 ◆巴黎—布魯塞爾之間開通全球最初的國際電話。

八月	京都府開設乳母檢查所，並頒發檢查證給乳質優良的母親。
十月	橫濱，日本首次的近代自來水供水。
十一月	奈良縣從大阪府分離獨立。
十二月	上野－仙台開通鐵路。

一八八八／明治二十一年

◆流行瓶中裝玻璃珠的汽水。
◆巴西議會通過奴隸解放法案。
◆德國建設首次的混凝土道路。

一月	東京三井吳服店（三越百貨公司）從法國邀請縫紉師，開設了西服部。
一月	資生堂開始銷售牙膏。至今為止是牙粉。
二月	明治天皇王子夭亡，宮內的中醫侍醫全被解聘，採用西醫。
三月	政府公報開始每天刊登天氣預報。報紙也開始刊載天氣預報。
四月	學校出現固定黑板。
	帝國大學醫科大學首次設置小兒科。
	日本第一家咖啡喫茶店於東京上野開張。
七月	神奈川縣在海濱浴場設置男女區域，禁止男女混泳。
八月	在沖繩沒有任何女孩願意和短髮者結婚。
十月	皇居完成。首次設置德國式蒸氣暖氣。
十一月	二名女醫加入東京醫生會。
	第一部少年雜誌《少年園》創刊。
	文部省規定每年四月進行學生健康檢查，並須申報結果。日本學校體檢的開始。
十二月	姬路車站首次銷售「幕之內便當」。菜餚是烤魚、魚糕、煎雞蛋、栗子甜糕、奈良漬，包裝也從竹皮變成薄木片盒子。正式的車站便當的開始。

月	事件	世相
十二月	皇居的二重橋完成。長二十四・二公尺。第一次進口聖誕卡。	
一八八九／明治二十二年		
一月	修改徵兵令。廢止緩期徵收戶主，採用國民皆兵主義。並制定一年志願軍制度。東京—熱海之間公用長途電話開始通話。一通五分鐘以內十五錢。	◆流行懷錶。 ◆東京流行章魚燒，人氣持續十年。 ◆義大利向宮內省奉獻豚鼠，民間也流行飼養豚鼠。 ◆為紀念法國革命一百周年，巴黎興建艾菲爾鐵塔。
二月	東京上野公園公開二頭小老虎。皇室典範制定只有男子才有資格成為天皇繼任者，《女學雜誌》發文批判「女性的肚子並非出租房子」。	
三月	北海道廳為保護馴鹿，禁止獵鹿。五月，禁止獵仙鶴。	
四月	大阪北野茶館九層建築、高三十九公尺的凌雲閣落成。	
六月	公佈工人的「養老殘疾保險法」。對七十歲以上的老人和無法成為事故保險對象的殘疾者，支付由工人、使用者、國家三者負擔的養老金。	
七月	教育機關流行使用幻燈片。山梨縣女子師範學校學生前往京都修學旅行，第一次日本女學生修學旅行。大日本婦女衛生會出現女子速記。女子速記的開始。	
八月	神奈川縣大磯海岸出現穿泳衣的婦女，成為社會話題。	
十一月	內務省禁止銷售分發裸體美人畫。歌舞伎座開幕。	
一八九〇／明治二十三年		
一月	針對束髮的流行，日本髮型復活。	◆男子的針織品上衣、開襟毛衣、西裝夾克開始普及。
五月	女子學生的投稿雜誌《女學生》創刊。	

八月	警視廳決定默認混雜女演員和旦角的男女共同演劇。	◆英國倫敦開通地鐵。 ◆義大利佛羅倫斯行駛全球最初的市街電車。
九月	通信省東京電話局募集、採用女性電話交換手，資格是小學高等科畢業。 僅由日本技術人員組成的小組，第一次敷設海底電信線成功。津輕海峽的函館—二本木之間。 盲人教育採用盲文。	
十一月	首次開演女角力。 東京淺草十二層的凌雲閣開業。日本首次的電梯也開始運用。 東京市內的十五處郵局和電話局，橫濱一處，設置日本最初的公用電話。	
十二月	東京盲啞學校的教員完成日文五十音點字表。日本點字誕生。	

一八九一／明治二十四年

二月	帝國大學醫院護士總管辭職，於東京神田開辦日本最初的護士派遣會。 公佈度量衡法，採用國際公制。	◆桌腳可以折疊的矮圓桌取得專利，上市後大流行。 ◆德國進口口琴上市。 ◆開始製造水彩顏料。 ◆東京郵遞員開始使用自行車。 ◆美國紐約流行日本舞蹈。 ◆倫敦—巴黎之間開通電話。 ◆印度政府禁止女子早婚，最低婚齡十二歲。 ◆美國發明全球第一台自動電話交換機。
三月	結核治療藥結核菌素抵達國內七家醫科大學。費用是注射液一瓶六元二十五錢。一週份約八元，投藥過程需五十週份，約三千元。	
四月	東京舉行第一次醫術開業考試。	
五月	《東京朝日新聞》發表社論，強調男女功能的差異，論述女人應該專心致志家務育兒。	
七月	小川一真在淺草凌雲閣舉辦百美人照片展。	
九月	東京出現教育貓捕捉老鼠的貓寵物公司。	

十月	發生濃尾大地震。M八・四。岐阜、愛知縣一帶，全毀房屋十四萬二千一百七十七戶，磚造建築物幾乎全部倒塌。產生著名的根尾斷層，餘震持續十多年。第一次實施災區救恤品免費運輸。	
一八九二／明治二十五年		
三月	駐日奧地利公使 Heinrich Coudenhove-Kalergi 伯爵和青山光子結婚。日本第一位異國婚姻的女性。	◆冰淇淋普及，雜誌也介紹家庭冰淇淋的做法，冰淇淋製造器械廣告增多。
七月	流行飼養繡眼鳥。最上等一隻十五元，上等四・五元。 歌舞伎座第一次上演《怪談牡丹燈籠》。 東京電話交換局女子電話接線員增至三十三人。月薪五元前左右。	◆法國第一次建設混凝土道路。
八月	男女流行可以自由摘掉的鋁製裝飾金牙，價格十五至三十錢。	
十月	實施包裹郵件法。郵包的開始。	
十二月	大阪紡織公司第二工廠發生火災。夜班的女工九十五人死亡，二十二人負傷。紡織史上最初的大火災。 大阪角座第一次上演男女混合戲劇。	
一八九三／明治二十六年		
四月	東京女子高等師範學校、宮城縣女子高等師範學校廢止洋裝，規定制服為和服。但並非完全禁止洋裝。 津村順天堂在東京日本橋開業，銷售婦科藥「中將湯」。 文部省指導小學設置女子教育縫紉科目。	◆資生堂銷售腳氣病藥「腳氣病丸」。維生素藥的開始。 ◆宮田製槍所製造空氣輪胎自行車，年產量五百台。
七月	三重縣第一次從珍珠貝發現五顆珍珠。養殖珍珠的開始。	◆空氣輪胎自行車的爆胎修理需要三日，費用五元。
十月	日本基督教婦女矯風會，為了救助因貧困而淪為妓女的女性，在東京設立職業婦女宿舍。	

十月	僱用有夫之婦時，必須提交丈夫的簽名。 牧師田村直臣的 *The Japanese Bride*（《日本的新娘》），因內容批評舊習的家族制度和婚姻觀念，遭禁止發行。	◆夏威夷的日本人二萬三百一十人，原住民四萬一千一百一十一人，美國人、英國人、德國人等共計九萬七千四百人。 ◆美國第一次進行心臟外科手術。 ◆農業用拖拉機在英國登場。
十一月	郵政存款的存款者突破一百萬，一百萬一百一十七人，存款總額二千四百九十六萬七千二百零四日圓三十三錢。	
十二月	群馬縣廢止縣內公娼，日本最初的廢公娼縣。	

一八九四／明治二十七年

一月	東京的乳牛企業第一次製造銷售酸乳。 絲綢手帕製造業繁盛。大部分職工是十~二十歲的女子，約七萬人。 東京紡織設置托兒所。	◆第一回牙科醫生考試，女子三人合格。其中，高橋孝子於三十年一月在東京日本橋開業，成為日本第一位女牙醫。 ◆咖喱飯急速普及。 ◆霍亂死者三萬九千人，痢疾死者三萬八千零九十四人，天花死者三千三百人。 ◆美國製造最初的實用打字機。 ◆德國發明自動手槍。
三月	明治天皇、皇后舉行銀婚慶祝儀式。銀婚的開始。 創建平安神宮，舉行供奉式。	
五月	臺灣島民宣布獨立共和國。	
六月	公佈高等學校令。高等中學改稱高等學校。 茨城縣龍崎市採用一名女子任職土地總帳員。日本第一位女性事務職員，亦是第一位地方公務員。 三井銀行大阪支店採用五名十四歲左右的女子為金庫擔任員工。	
八月	甲午戰爭。 據說烏骨鷄對肺病有特效，飼養烏骨鷄大流行。	
九月	第一次護士隨軍前往戰場。隨軍護士的開始。 因甲午戰爭爆發，牛肉罐頭需求增大。東京府下的各家罐頭舖二十四小時操作，向職工一日支付三日份的工資，屠牛一日一百五十頭。	

十月	信鴿使用法滲透民間，利用者增加。實驗結果，最長距離八十里（約三百一十三・六公里）。
十二月	東京因為不景氣，生活窘困的人力車夫四萬人報名軍夫。

一八九五／明治二十八年

一月	文部省公佈高等女學校規定。小學四年畢業後入學，學習年限六年。
	有軌電車在京都登場。市內電車的開始。
五月	交換《馬關條約》（日清講和條約）批准書，甲午戰爭結束。
	通信省定女子為女子電話交換手總管。
六月	日清間正式結束授受，臺灣及澎湖島成為日本領土。
	秋田縣為了提高女子入學率，免除女子學生學費。
八月	設立京都婦女手工藝會，獎勵女子手織蕾絲花邊。

◆甲午戰爭後，護士白衣普及。
◆第一次進口法國香水。
◆木瓜首次傳入日本。
◆大城市的人口：東京一百三十四萬二千一百五十二人，大阪四十九萬人，京都三十三萬九千八百九十六人，名古屋二十萬九千二百七十人。

一八九六／明治二十九年

二月	東京再次流行萬年青，最高價格一棵一千五百元。
五月	大阪商船開始經營大阪—臺灣航路。九月，日本郵船開始經營神戶—基隆航路。神戶—基隆，上等二十一元，中等十四元，下等九元。

◆痢疾流行，死亡人數一萬九千。
◆全國人力車二十一萬台，最盛期。
◆壁掛型電話機登場。
◆開業醫生黃金時代開始。國稅局創設了營業稅，但不向醫業徵稅，醫生大賺特賺。
◆全國絲綢女工十七萬二千百九百零二人。其中長野縣佔三〇%。
◆女子行業收入：女醫一日約六元，女工日薪五~十六錢，電話交換手日薪十二~二十五錢，印刷女工日薪七~四十錢。
◆其他：養蠶月薪男四~七元，女三~五元。織布男二元二十錢~五元三十錢，女二元二十錢～四元五十錢。農耕日薪男十五~二十錢，女十~十八錢。

月份	事件
六月	三陸沖發生M七・六地震，倒塌房屋一萬三百九十戶，流失房屋二千五百餘戶，死者二萬七千一百二十二人。（史上最大的海嘯，高度三十公尺）
八月	文部省禁止不滿六歲的兒童就學。

◆男裝的價格
西服　上三十元，中二十三元，普通十七・八元。
大衣　上二十五元，中二十元，普通十五・六元。
燕尾服　上五十元，中四十元，普通三十五元。

◆美國流行日本畫。在白壁畫日本畫的人增多，居住美國的日本畫家大受歡迎。居住在日本的外國人也流行收集彩色浮世繪。

◆美國紐約舉行全球首次的收費電影會。

◆美國首次銷售女性衛生棉墊。用紗布包棉，像兜襠布那般吊起使用，一次性。

◆美國猶他州及愛達荷州，通過婦女參政權。

◆匈牙利布達佩斯開通地鐵。

一八九七／明治三十年

月份	事件
一月	皇太后駕崩（十一日）後，市內喪服用的黑紗、黑縐綢猛漲。前一年年底一碼一元二十～三十錢，竟飆到突破九元。 東京市內電話數三千三百七十具，價格一百～四百元，因而制定了電話權利金。
三月	山陽鐵道，隨身行李搬運伕「紅帽子」登場。 神奈川縣第一次針對一般人上映電影，特等一元，一等五十錢，二等二十錢，三等十錢。東京神田也針對一般人上映電影，特等一元，一等五十錢，二等三十錢，三等二十錢。
四月	《東京朝日新聞》記者用信鴿傳達八王子大火災（三千三百戶燒毀）第一報新聞稿件，之後，信鴿成為報社搶頭條新聞的工具。

◆全國性天花流行，死者一萬二千二百七十六人。

◆東京的餐館四百七十六家，飲食店四千四百七十家，喫茶店一百四十三家，名酒店四百七十六家。

五月	東京—京都長途電話開通。
六月	東京—大阪長途電話開通。
八月	東京美術學校採用女性模特兒。 神奈川縣流行痢疾，之後，從東京擴展到全國。患者八萬九千四百人，死者二萬二千三百人。 「紅帽子」在東京車站登場。頭上戴一頂紅色鴨舌帽，身上披著一件染著「隨身行李搬運人」字樣的外褂。費用行李一件二錢。
十一月	文部省限制小學學費一個月三十錢以內。
十二月	文部省訓令小學、師範學校，男女分班。 製作日本第一部電影《日本橋的馬車鐵道》。 志賀潔（Shiga Kiyoshi），發現痢疾病原體（細菌），稱「志賀菌」或「痢疾桿菌」。

◆某下層社會人力車夫的一天家計例子，四人家族，收入一日平均五十錢。

白米費　二十八錢六厘
石油費　八厘
柴火費　二錢五厘
火炭費　三錢
早餐湯　二錢
菜餚費　五錢
房租費　四錢
支出共計四十五錢九厘，收支僅勉強打平。

◆美國開始生產瓶裝可口可樂。
◆德國發明阿斯匹靈。
◆德國發明陰極射線管（CRT）。

國家圖書館出版品預行編目（CIP）資料

明治日本—含苞初綻的新時代、新女性 / 茂呂美耶著.
-- 初版. -- 臺北市 : 遠流, 2014.12
面； 公分（日本館・風；J0115）
ISBN 978-957-32-7531-2（平裝）

1. 日本史 2. 生活史

731.271 103022132

明治日本—含苞初綻的新時代、新女性

作者——茂呂美耶
副總編輯——林淑慎
主編——曾慧雪
美術設計——李俊輝
行銷企劃——葉玫玉、叢昌瑜

發行人—— 王榮文
出版發行——遠流出版事業股份有限公司
地址——台北市南昌路二段81號6樓
電話——(02) 23926899 傳真——(02) 23926658
劃撥帳號——0189456-1
著作權顧問——蕭雄淋律師

2014年12月1日 初版一刷
2016年 2 月1日 初版二刷
行政院新聞局局版台業字第1295號
售價—— 新台幣360元

ISBN 978-957-32-7531-2

YLib 遠流博識網 http://www.ylib.com
E-mail: ylib@ylib.com